Querido Nano

Emma Nogueiro

QUERIDO NANO

Planeta

Av. Diagonal, 662-664, 08034 Barcelona
www.planetadelibros.com

Imágenes del interior: © GalapagosFrame / Shutterstock; © Jacek Lasa / Alamy
Iconografía: Grupo Planeta

Primera edición: abril de 2024
Depósito legal: B. 4.646-2024
ISBN: 978-84-08-28626-4
Preimpresión: Realización Planeta
Impresión: Rodesa
Printed in Spain – Impreso en España

PEFC Certificado
Este libro procede de bosques gestionados de forma sostenible
PEFC/14-38-00305 www.pefc.es

Índice

A Fernando Sánchez Dragó. ¿A quién si no?
Por su amor. Hoy y siempre. Y a él esta nostalgia mía.
We shall overcome.

I

PRECISAMENTE ASÍ SUCEDIÓ

Madre, cuando sea grande,
¡Ay! ¡Qué mozo el que tendrás!
Te levantaré en mis brazos,
como el trigo alza el trigal.

GABRIELA MISTRAL

Dos de la tarde, diciembre de 1979, barrio de Salamanca, Madrid. Un hombre con alma de joven Werther atraviesa la calle de Lope de Rueda a bordo de un taxi. Absorto, como siempre, en sus cavilaciones, el pasajero guarda silencio y mira, una a una, con detalle y cuidado infantil, las estelas que las gotas de lluvia han dejado en el cristal. De niño solía quedarse a jugar en el frontón del colegio, después de las clases, y luego, ya tarde, a la caída del sol, a eso de las siete, corría a casa para merendar pan tostado con aceite en la mesa camilla del cuarto de estar. La mayor parte de los días, por esa estancia, no circulaba nadie más que las criadas, y el pequeño entretenía su soledad jugando con unas cuantas tostadas antes de llevárselas a la boca. Le gustaba colocar verticalmente las rodajas de pan sobre el tazón de leche para que las gotas se deslizaran hasta flotar sobre la superficie del líquido como nenúfares impostados de su estanque infantil. Entonces, en ese instante, vertía un poco de leche sobre la gota oleosa y allí se quedaba esta, navegando como un islote del mar del Sur por entre las plácidas aguas de la merienda. Es esa imagen la que el pasajero recuerda ahora, cuando su pasado y su presente –el de un niño y hombre raro– convergen.

La carrera casi ha terminado y el taxista, resignado al silencio del viajero, que ha sido siempre un maestro en el noble arte de desenchufar la atención y salpicar los diálogos con monosílabos ininteligibles, alcanza la radio y gira con sus dedos encallecidos la pletina de los diales hasta sintonizar Radio Nacional. Es la hora del parte y el locutor de turno deshoja una a una las noticias del boletín informativo. Las ondas no ofrecen nada que el pasajero no haya escuchado ya: las bases para el referéndum de autonomía, los conflictos entre Libia y Palestina, la crisis de los euromisiles, la novedosa edición de una antología de Miguel Hernández para niños... Pero de pronto, *como del rayo,*[1] suena una noticia de última hora para todos los oyentes y un trallazo letal para el pasajero: la radio de todos los españoles acaba de anunciar el nombre del ganador del Premio Nacional de Literatura de ese año. El conductor, acostumbrado ya al desdén del cliente, permanece absorto en la conducción. Nuestro hombre, en cambio, se revuelve en su asiento, sin acertar a hilvanar una idea con otra ni a medir la dimensión del sendero por el que ya, inevitablemente, se adentra. Y, sin embargo, una mueca de regocijo, seductora y ensayada, se dibuja en su rostro al tiempo que el vehículo

1. Alusión al verso de la *Elegía por Ramón Sijé,* escrita por Miguel Hernández.

se detiene frente al número veintiuno de la calle de Lope de Rueda. Tras apearse, mientras sonríe con jactancia de hombre acostumbrado al éxito, sube, con alas en los talones, los primeros peldaños del portal del que tiempo atrás salió con fuerza huracanada y paso firme para iniciar su loca carrera de escritor.

La vida se echó a andar ese año, ese día y a esa hora. Mi hijo Nano, que ocupaba el asiento trasero de aquel taxi, era el padre del libro premiado, el autor de la obra más laboriosa, aparatosa y ambiciosa de cuantas, en su atropellada vida, escribiría. Esa fecha fue el punto crítico, la hora cero, el momento estelar de mi historia. Eran las dos de la tarde del penúltimo viernes de diciembre de 1979. Entonces Madrid hervía, el volteo de las campanas del cambio aún no sonaba a desencanto y el país estaba rompiendo el cascarón de una época frágil, menuda y pálida. Quizá por eso el libro galardonado irrumpió como un meteoro en el escenario de la literatura posfranquista. Mi hijo, que venía a comer, llegó a casa de la misma manera. Envuelto en su aire de *hippie* burgués, Nano marcó aquel día el paso más firme de cuantos había dado al entrar en nuestra casa de Lope de Rueda. Eternamente joven, ansioso de vida, distinto e inolvidable, se cruzó conmigo en el recibidor y, al verme, anunció: «Mamá, me han dado el Premio Nacional de Literatura». Y lo dijo así, como si tal cosa, sin adornos, rápido, quitándole hierro, con la emoción acuartelada, fiel a su carácter. Yo, en cambio, rompí a llorar. No pude contenerme: su premio era también el mío. Por fin, me dije, después de tantas guerras inútiles, tantos bandazos, matrimonios, carreras, cárceles y exilios, el empeño de mi hijo por ser escritor había madurado. Él sintió de golpe el venero de la vocación que había sentido con más intensidad durante toda su vida: la de escritor, la máxima razón de su existencia, la fenomenología de su mundo.

La lectura fue el cordón umbilical que le puso en contacto con el mundo, y fue luego salvavidas, tablón de náufrago, asidero de su vejez. Mi hijo empezó a amar las letras cuando las luces de la cultura todavía no se habían apagado, cuando corrían buenos tiempos no solo para la lírica, sino también para la épica. En casa, como en casi todas las de cierto señorío, había una biblioteca de no muchos volúmenes, pero sí los suficientes para que la instintiva inclinación de Nano hacia las letras se transformase en pasión heroica, en refugio de cíclopes vencidos, en reposo del guerrero y en crónica y violenta enfermedad de vida. Tenía entre cinco y seis años cuando, guiado por el olfato, empezó a devorar un libro tras otro durante las horas diurnas y a soñar despierto con el contenido de sus páginas durante las nocturnas. Casi todos los libros que por aquel entonces caían en sus manos eran, por así decir, de *aventuras.* De aventuras que él repetía luego por su cuenta desde la rampa de lanzamiento del colchón, perdido ya en esa tierra de nadie que surge entre el territorio roturado y misterioso de los sueños. Era para mí el momento más feliz del día. Fueron sus primeros *viajes* y todos tenían dos cosas en común: llevarle al país de las maravillas y obligarle a buscar lo nuevo en el fondo de lo desconocido. Leyó a Ovidio y a Virgilio a los ocho años y a los nueve me regaló por el día de mi santo el único y perfecto ejemplar de la *Revista Extra.* Una cabecera que él mismo, con una pluma y hojas de un cuaderno, ideó, planeó y escribió para la ocasión. Un año después fundó en su cuarto *La Nueva España,* un diario de un solo ejemplar que iba alquilando al precio de cinco céntimos de peseta a los miembros de la familia y a los vecinos del inmueble. También cada Navidad escribía y representaba obras de teatro en la sala de estar con gran soltura. Los profesores, en el colegio, le llamaban *Lunilla* –porque, según ellos, siempre estaba en la luna, como Cyrano de Bergerac y Julio Verne– y los alumnos *Rata Literata,* pero con simpatía. A él le gustaba. Era simplemente raro, como el libro de Rubén Darío. Nano fue un niño que contaba sus extravagantes sueños a la almohada; un muchacho que se vistió de imaginación en la oscuridad de su cuarto con mirada de ilusión y de amor y labios quemados en silencio. Nano, con sus lecturas, fue convirtiéndose en ese tipo de persona que pasa por el camino de la vida dejando una estela similar al perfume de una flor escondida en las lejanías.

En 1942 le operaron de vegetaciones. Tenía seis años. El médico ordenó que permaneciese en la cama hasta el día siguiente y le prohibió hablar e ingerir alimentos sólidos durante ese intervalo de convalecencia. *Hakuna matata,* pensó cuando le expliqué que podría tomar helados y, sobre todo, cuando ese mismo día, mi hermana Susi le regaló un libro de tapas color carmesí adornadas con el dibujo de un chaval travieso y sonriente. Nano abrió de inmediato el libro –momento estelar de su existencia– y lo leyó de un tirón. Era un volumen de Guillermo Brown. Así irrumpió en la vida de mi hijo el héroe y prototipo literario de más fuste que pudo conocer. Jamás le fue desleal. A partir de aquel momento, año tras año, aquellos libros de Richmal Crompton figurarían siempre en el catálogo de objetos imprescindibles para Nano. Hubo, además de esos volúmenes, otros que desde el principio le cautivaron con arrobo y depravación. Fueron los de Tom Sawyer, los de Julio Verne, Kipling o *Sinuhé, el Egipcio* los que le enseñaron la pasión por la aventura, el amor al riesgo, la afición a los viajes, el desprecio por las convenciones, la confianza ciega en la imaginación, la valía del sentido del humor como primer mandamiento y el optimismo a ultranza a pesar de vivir en un mundo que ya se desmoronaba por todas sus costuras. Los llevó a todas partes. Los leyó, sobó y resobó hasta que se le desmembraron en sus manos. Y cuando ya se los sabía de memoria siguió recurriendo a ellos. De ese modo, la literatura pasó a ser vida, y la vida literatura, mientras él se encontraba a sí mismo en silencio, recoleto como siempre, sumiso, tímido, aplicado. Su subversión quedaría demostrada, ya iba por dentro. De hecho, así fue años después, cuando, encontrándose en la cárcel de Carabanchel en una celda solitaria, por la noche, completamente a oscuras, incurrió en la heroicidad de leer libros enteros con la ayuda de una gruesa caja de fósforos adquiridas en el economato del penal. Todas aquellas lecturas fecundaron y marcaron su vida. Le enseñaron a ser el único anarquista victorioso de mi existencia, y con ellas aprendió la triple lección que después volvería a impartirle Cervantes: las apariencias engañan, hay más de tres dimensiones en los seres y en las cosas, y es la magia lo que palpita en el corazón de la realidad. La vida es un viaje a lo largo de lo que los místicos llaman *camino de perfección.* Por ello: solo vive quien viaja, el escritor es (o debe ser) el cronista de esa aventura y solo escribe quien se atreve a *aventurarse* en el sentido literal de la expresión. Vida, viaje, aventura y literatura... Cuatro pies para el mismo concepto. Vocación es carácter. Y carácter es destino.

Mi hijo nació escritor y siempre quiso serlo. Pero larga y accidentada es la ruta y lo usual es perderse en el camino. Solo entonces, en ese mismo momento en que evoco el episodio, y sorprendida por la tenacidad y precisión con las que permanece en mi memoria, comprendí que yo, su madre, aquel día, al oír que él, niño raro, niño lobo, niño huérfano, mi primogénito, empezaba a ser escritor, pensé en su padre, que ya no era ni volvería a ser nunca mi marido. Por eso digo que la bola de la ruleta cayó ese día en mi número, en mi fe ciega por su talento, en la garantía de que, tarde o temprano, cobraría yo, gracias a él, los dividendos de su padre, del periodista cargado de futuro, de mi primer y último amor, asesinado en la Guerra Civil cuarenta años atrás. Nano sonrió satisfecho al sentir mi orgullo. Sabía, como yo, que el premio, en justicia y por ley de vida, también era de su padre. Su victoria saldó una deuda emocional, un compromiso con la voz de su sangre. Con ese libro hizo lo que su padre no consiguió: llevar la antorcha hasta el estadio, como en la batalla de las Termópilas, cuando Leónidas encomendó al mensajero, a punto ya de rendir el alma, la misión de ir a Esparta y decir a los espartanos que allí habían muerto trescientos hombres por defender sus leyes.

El libro de Nano que, con título impronunciable y extravagante, *Gárgoris y Habidis,* cosechó un éxito inesperado, era una singladura sin bitácora por el piélago y entre los encalladeros del inconsciente colectivo de los pueblos de España. Fue la rampa de lanzamiento de mi hijo. Sin que cupiera la marcha atrás, y sin voluntad ni esperanza de retorno, Nano se pondría, irremediablemente, de moda. Y él –obstinado siempre en practicar la rebeldía por la rebeldía–, el de entonces, siguió soñando con chicas de boina gris y corazón en calma para no renunciar, jamás, a lo que más apreciaba: su espíritu de joven eterno.[2]

Aquel mediodía, Nano se acomodó en la sala de estar, la misma de siempre: la de los tufos en el brasero, la mesa camilla, los quinqués de petróleo y los pocillos de malta y achicoria. Y yo lo vi, más que nunca, con el mundo a sus pies. Seguro de sí mismo. Inmortal. Ese era su don. Un regalo, una herencia, quizá, de su padre. Yo, al contrario que ellos, siempre temerosa, todo me lo tomaba a pecho. En especial lo que a Nano se refería. Él, en cambio, se mantenía alegre y despreocupado en la proa de la vida, sin orzar ni a babor ni a estribor. «Contigo llegó el escándalo», solía decirle yo, compungida, pero nunca escandalizada, cuando me contaba nuevas aventuras que, sin él saberlo, me entretenían, me acompañaban, me emocionaban y me daban, en definitiva, todas las razones para seguir caminando. En justa reciprocidad, sé que fui yo, su madre, la perenne ena-

2. Alusión al verso del poema *Te recuerdo como eras en el último otoño*, escrito por Pablo Neruda.

morada de su padre, cuyo imposible regreso esperé rezando a la virgen de la desesperanza y de la soledad hasta que me avine a un segundo matrimonio de razón, quien hizo germinar en Nano la semilla genética de aquel primer marido amado, venerado, sublime, que desapareció de mi vida y de la de nuestro hijo, aún alojado en mi vientre, en los primeros compases de la Guerra Civil, el mismo día que comenzó, el diecisiete de julio, cuando llegó a Madrid la noticia de que la guarnición de Melilla se había sublevado y el padre de mi futuro hijo, director a la sazón de la Agencia Febus, cogió un coche y se fue hacia el sur en pos de la noticia, al ojo del tifón. Se despidió abruptamente de mí después de ponerme al tanto de sus intenciones y sin prestar ni siquiera un amago de atención cortés a mis súplicas, lágrimas y a mi fatídica convicción de que quien busca el peligro en él perece; bajó atropelladamente a la calle, miró hacia nuestro balcón y me vio asomada y llamativamente embarazada. Sería la última vez. Nunca más volvería a posar sus ojos en mí, en la madre de su hijo.

Y, sin más, ocupó el asiento trasero del taxi que lo aguardaba ante el portal para emprender su loca carrera hacia el vacío, hacia la soledad, hacia la ausencia, hacia la nada. A él, que pertenecía a la España más creativa, lo pasearon sedicentes miembros de la Falange el catorce de septiembre del 36 después de una asombrosa peripecia en las cercanías de Burgos. Pocas semanas después, llegó con balas acariciando las sienes nuestro retoño a la vida.

Mi esposo había pasado al otro mundo y nosotros nos habíamos quedado a la intemperie. Solo con duelos y quebrantos. Los miembros de mi familia fuimos sacando a flote, entre trancas y barrancas, una convivencia zarandeada por el estado de guerra y la angustia contenida. Entre todos exprimimos la nada, mantuvimos la sonrisa, rezamos por las noches en silencio, contuvimos las lágrimas y renunciamos a todos nuestros privilegios. No quedaba otra salida más que la de recrearse en la ensoñación y la llegada de tiempos mejores. Yo recurrí a mi hijo, lo convertí en mi príncipe, arrastrada por el destino, para sustituir a su padre, para cubrir su hueco y restañar a escoplo y soplete la herida abierta de la soledad. Fui yo quien dotó a su persona del poder de un adulto, de altas dosis de seguridad en sí mismo y del don de autoridad casi castrense que, años después, fascinaría y condicionaría las vidas de sus hermanos, Billy y Marilén, nacidos de mi segundo matrimonio. Así, a base de amor perfecto, ejemplar, antiguo, eduqué a Nano. Lo troquelé en el molde de la ausencia de su padre: Nano era su herencia. Por eso, entre las alarmas de sirenas y el restallar de las bombas, ceñí a mi hijo a mi cuerpo para protegerlo. Meses después de que Nano llegase al mundo, una bala perdida perforó la vidriera del mirador. El agujero siguió allí durante muchos años, pero logré que las privaciones, el frío de la guerra, las voces destempladas y el odio por doquier no llegasen nunca a su vida.

Un año después, le di otra lección de amor y una primera dosis de aventura. En el sangriento 1937, emprendí la búsqueda de mi marido, campo a través de un país en llamas y me convertí en detective, en zahorí y en arqueólogo forense para llegar al trozo de estéril y dura tierra donde pudieran reposar los restos de su padre. Fue una noche en compañía de mi hermana Susi y de Nano. Nos fugamos de Madrid para llegar por carretera hasta Alicante. Conteniendo la respiración y la angustia al atravesar los puestos de control de la CNT y de los partidos del Frente Popular que salían a nuestro paso, hicimos noche allí hasta tomar al día siguiente una avioneta de los servicios postales franceses que volaba casi a ras de mar. Horas después, aterrizó en el aeródromo de Orán. Desde allí cruzamos a Melilla, y tomamos un buque de guerra para desembarcar en Cádiz y llegar a Huelva. Dejé a mi hijo en esa última ciudad, acogido a la hospitalidad y solidaridad de la familia paterna. Los vaivenes del conflicto me fueron llevando de provincia en provincia, pero Nano, desde Huelva, era el motivo para seguir adelante, para no reparar en lo que me faltaba. Me faltaba alguien, una presencia indefinible nos acompañaba, pero no aparecía. Era el destierro de mi marido, era su *paseo,* su bala en la nuca. Busqué al padre de mi hijo en un país en llamas, atravesándolo de punta a punta mientras la guerra rugía a mi alrededor, y lo hice en vano durante diez semanas. Al cabo de ellas, recogí a Nano y terminó la guerra para nosotros, para quienes regresamos a un Madrid de vencedores y vencidos.

Durante los enlutados años cuarenta, me convertí en profesora de francés, el segundo idioma que mejor conocía. El horario de las lecciones, que eran a domicilio y para los niñitos y marquesas de más lustre de la ciudad, me obligaba a ir y venir con prisa de una casa a otra, pasando por los pupitres del colegio Jesús y María. Nano, que ya estaba matriculado en el pomposo colegio del Pilar, formaba entonces parte de la enseñanza primaria, y recibía con gusto «Lecciones de cosas», una asignatura en la cual cabía hasta la última coma del universo finito, pero ilimitado. Aquellas enseñanzas las podía poner siempre en práctica, al tener patente de corso para jugar en la calle desde que dejaba su pupitre y hasta la hora de cenar. Las aceras del barrio fueron para él un taller de libertad, fantasía e improvisación.

Los niños de entonces navegaban a su antojo. Se comían el mundo sin correr riesgo alguno: Nano jugaba, incansable siempre, al balompié, al frontón, a perseguir y arrear buenas patadas a una pelota bicolor, sinusoidalmente azul y blanca. Con dos o tres pesetas en el bolsillo, era el rey del encopetado Barrio de Salamanca. Podía comprar canicas de cristal en la cacharrería de Nati, fresas de caramelo en el puestecito de la equina de O'Donnell, una abigarrada tropa de gusanos de seda y polos de avellana o un puñado de chufas en la horchatería de Narváez. Fueron aquellos días los que marcaron la vida de Nano, cuando aposté por un casamiento en segundas nupcias con un profesor mercantil de raíces sorianas, algo bajito, delgaducho y cuarentón, pero educado; de costumbres firmes, maneras afables e infalible método pedagógico. Este, desde el principio, trató a Nano con nobleza, cariño y respeto. Fue una decisión puramente administrativa, aunque maquillada bajo el leve encandilamiento que producen los lances entre hombres y mujeres. Así entró Guillermo en mi vida y en la de mi hijo, y a Nano, que ya apuntaba maneras de Tom Sawyer, le divirtió el programa, como le entretenía todo lo novedoso. Nano mostró una completa aceptación del cambio, creando entre él y el padrastro una relación de cariño desde los primeros tiempos e, incluso, cubriendo la distancia que los separaba en el mes de veraneo que mi hijo y yo pasábamos en Alicante y Soria, mientras Guillermo se quedaba en Madrid, a la sombra del trabajo y la condición de *Rodríguez.* Nano se preocupaba por escribirle casi todos los días en cuartillas de línea pautada, y rompía el blanco de las hojas al escribir en su borde superior, como buen pilarista, las letras M.D.[3]

De Nano a Guillermo

Alicante, 1949

Querido Guillermo:

Me acuerdo mucho de ti, y si no te he escrito antes es porque siempre lo voy dejando para otro día. De hecho, esta carta será más corta de lo normal, porque nos vamos a la playa. Ya nado como un campeón, lo podrás ver en la foto. Todas las mañanas voy nadando hasta la barca, que está allí para que los nadadores no puedan pasar más lejos. El bote está a diez minutos de la orilla y a cuatro metros de profundidad.

El otro día a la salida de misa seguí a una niña hasta enterarme de dónde vivía. Lo hice solo para distraerme, pero me han dicho que es pecado. Y por eso, como aún no me he confesado, he hecho la promesa de no volver al

3. *María Duce*, 'con María por Capitana'.

cine hasta que me confiese, a ver si con un poco de buena voluntad me perdonan.

Marcho a la arena, no puedo decirte nada más. Otra vez será.

Se despide de ti con un beso,

Nano

PD: Ya puedo volver al cine, el confesor me cambió la promesa de no ver películas por la de ir a comulgar todos los días.

Para colmo, y por hacer honor a su etiqueta de niño *raro,* la condición de *hijastro* le agradaba; le sonaba a condecoración al no conocer a nadie igual. Supongo que, para él, lo único espinoso del asunto estribó en que el flamante padrastro no veía con buenos ojos la danza callejera que, con tan solo ocho otoños, se traía la criatura. Guillermo se apresuró para que Nano se incorporase a lo que se consideraba *una vida normal* para un muchachito del endomingado barrio de Salamanca. Y así, de un plumazo, mi hijo abandonó el arte de callejear para trasladarse a una habitación al fondo del pasillo y ocupar la que había sido la cama de soltero de su padre. Ni un aspaviento ni un trauma, porque allí empezó su verdadera fiesta. La lectura le dio las alas para volar; para ser, en palabras de Guillermo, *el príncipe que todo lo aprendió en los libros.*

Así, entre meses de colegio y veranos compartidos en Soria y Alicante, transcurrieron los años infantiles de Nano.

Mi hijo aprendió a vivir, apostando por el lado favorable de lo desfavorable y asumiendo, con espíritu divertido, lo bueno, lo regular y lo malo. De ese modo, nadie en toda su vida consiguió que se apeara de sí mismo. Su infancia fue todo lo fugaz que puede ser la niñez de un hombre, y supo redimirse de la guerra. Nunca fue un hijo de su tiempo.

II

J'ATTENDRAI

No puedo volver al ayer, porque entonces era una persona diferente.

Alicia en el País de las Maravillas,
LEWIS CARROLL

Nano se ha sentado en uno de los butacones de estilo burgués que ocupan la sala de estar. El color verde del asiento, y su aspecto aterciopelado, define y perfila la silueta de mi hijo. Vestido con pantalones tejanos, una camisa oriental comprada en algún mercado de Camboya y un jersey atiborrado de pelusa y pelotillas, cruza y descruza las piernas, ojea el periódico e intenta dar conversación a las criadas. Al acercarme a él, me pide un botellín de cerveza y yo se lo sirvo. Mientras da el primer sorbo, pienso que, aunque el pasado ya no puede vivirse, estamos dotados con una bendita y maldita capacidad de recordar todo lo vivido.

Casi todo sigue como era antes: el enorme y prehistórico aparato de radio, la mesa camilla de faldas verdes y las fotografías familiares. Pienso en Nano, todavía niño, envuelto en mi regazo en aquellas duras y al mismo tiempo hermosas tardes de restricciones eléctricas. Entonces, él graduaba la mecha de un quinqué, y yo le aplaudía, y luego solíamos quedarnos alelados frente a la llama. La mirábamos muy fuerte y con muchas ganas, hasta perder la conciencia. Es la memoria de otros tiempos; ahora todo se agolpa en mi cabeza, y van y vienen las escenas, mientras el teléfono no para de sonar y la noticia del premio ya corre de boca en boca. Guillermo está inclinado sobre la mesa camilla, leyendo el *ABC*. Billy y Marilén también están en casa. Los hijos de distinto padre son siempre hijos de distinta pasta. Nano, en su etapa de joven maldito y alevín comunista, aleccionaba a sus dos hermanos y les sermoneaba para que siguieran sus pasos. Yo, durante años, contemplé con miedo y ternura el despegue vital de Billy y de Marilén. La disparidad de caracteres entre los tres era inmensa y ellos dos, para ser como Nano, quisieron renunciar a ser quienes realmente eran. Pero ahora, doblado el cabo de aquellos años, tengo ante mí un conjunto agradable de vidas, personas y existencias. Tampoco alcanzo a asumir que Nano sea ya el hombre que es. Quizá él piense lo mismo. Quizá con este premio siente la cabeza, forme una familia como Dios manda y ordene la que ya tiene. Me muero de ganas de decirle que ya está bien de viajecitos, de sustos y de mujeres que llegan, pasan y se van. Pero sé que solo son sueños de madre y fuegos de artificio de mi imaginación. Ni los años ni los achaques frenarán el trote de este hijo. Parece que fue ayer cuando salió de esta casa para ponerse el mundo por montera. Con Nano la vida fue siempre un continuo sobresalto. Recuerdo el consejo que Don Victorino Alegre me dio cuando mi hijo estaba a punto de terminar sus estudios de Bachiller. El maestro y director del colegio del Pilar, en vista de las feroces apetencias literarias de Nano, me pidió que fuera a verlo y, con aplomo, me dijo: «Dele cuerda, señora». Don Victorino sabía lo que decía. Nano, a sus diecisiete años, se había ocupado de allanar el terreno, de trazar la línea de tiza blanca para que los demás siguiéramos su salida del cascarón, que fue llamativa, explosiva y en desorden, y decidió estudiar Derecho, renunciando así a las Letras y abandonando sus convicciones en beneficio de las convenciones. Pero esa apuesta no duró mucho, tan solo un curso. A Nano lo que le pedía el cuerpo y el alma era ser un escritor *de verdad.* Por eso, a la vuelta del primer curso como universitario, y curado el mal de amor provocado por Queta (su primera novia), Nano abandonó la vieja Facultad de Derecho en Noviciado para seguir el consejo de don Victorino. En aquellos años, para una familia como la nuestra, la Facultad de Filosofía y Letras representaba un espacio ocupado, mayoritariamente, por chicas, curas y monjas; un lugar maldito y sin futuro para nosotros y un parque de atracciones para mi hijo. Gracias al empujón de don Victorino, Nano pudo matricularse. Sin ese capote, Guillermo se habría descompuesto de desesperación por el qué dirán. La vida alocada de Nano no casaba con el patrón de orden y disciplina que su padrastro, como buen funcionario, seguía. Por las mañanas, abluciones, lectura del sacrosanto *ABC;* para desayunar, un café con leche y tres galletas cuidadosamente untadas con mermelada de albaricoque, y de casa al trabajo y del trabajo a casa. Guillermo era muy firme con lo de apuntalar un empleo fijo, burocrático, funcionarial. Nano, en cambio, odiaba la planificación, adoraba un proverbio vienés que aconsejaba *dejar vivir a la vida,* y estaba dispuesto a apostar por el único modelo de existencia aprobado por sus convicciones.

Aquel año, 1954, mi hijo –con aspecto de filósofo y preparado para disparar citas, aforismos y fragmentos de los libros de Ortega, de Unamuno, de Américo Castro y de Tuñón de Lara– empezó a beber vino, a saltar de chica en chica y a rodearse de amistades pasajeras y algo golfas, aunque de buena familia. Durante aquel curso, montaron representaciones teatrales y asistieron a tertulias en las que crearon suplementos literarios con los que mostrar su inconformismo frente al régimen. Ejemplo de ello fue *Aldebarán,* la revista que Nano puso en marcha un año después en compañía de Javier Muguerza, Carlos Romero, José Ramón Marra-López y Miguel Rubio. La publicación –que se extinguió con cuatro números a sus espaldas y al año de su fundación– fue la seña de identidad de aquella generación que reaccionó duramente contra el franquismo. Sus páginas dieron cabida a todas las voces de los futuros autores que terminarían siendo figuras de un porvenir literario: Claudio Rodríguez, Carlos Bousoño, Carlos Vélez, Jesús López Pacheco, Rafael Sarró, José Luis Abellán, Félix Arellano o Jaime Maestro, uno de sus mejores amigos. A Jaime lo conoció a mediados de los cincuenta, en el bar de la Facultad de Letras de la Complutense, y fue un flechazo de amistad, cotidianidad y cautividad, porque estuvieron juntos en la misma celda de la Prisión Provincial de Hombres de Carabanchel durante los meses de febrero y marzo del año 1956.

Para Nano el arte era largo y la vida demasiado corta. Cuando mi hijo se plantó frente a las puertas de la Facultad de Letras y leyó en ellas *Siste, viator,* desobedeció el consejo de la inscripción, y lejos de detenerse se puso en marcha con el valor necesario para descubrir que aquel cosmos universitario era para él, sí, pero que no le bastaba. Deseaba ser como Hemingway, y para ello tenía que estar enamorado de su existencia sin renunciar a nada. Para eso, mi hijo decidió meterse en política. Eso fue lo que quiso hacer Nano al meterse en el ambiente antifranquista para politizarse a marchas forzadas.

En 1954 cayó en una crisis de escepticismo político y de desengaño ideológico. La alimentó con la lectura y el bálsamo de los libros de Ortega y Gasset, de Antonio Machado, de Miguel Hernández... Con el impulso de esos textos, mi hijo perfiló su oposición al régimen y se instaló, con otros compañeros de facultad, en el centro de la diana contraria a todo, desde el que se intentaba torpedear la *línea Maginot* de una dictadura que tendría que medir la dimensión de las revueltas estudiantiles. Estas habían alcanzado el cénit el veinticinco de enero de ese año, cuando se supo que Isabel II, recién coronada, culminaría en mayo su periplo real por todos los territorios de la Commonwealth con una visita de treinta seis horas a Gibraltar. La visita, además de causar un encontronazo diplomático entre los Gobiernos de Reino Unido y España, llevó al cierre del Consulado hispano en la colonia, y congregó a muchos jóvenes, que se amotinaron en las manifestaciones convocadas por el SEU,[1] bajo el lema «Gibraltar español».

1. Sindicato Falangista Universitario.

Los estudiantes como Nano salieron a las calles canturreando: «Ya viene el verano, ya viene la fruta, ya viene la reina de los hijos de puta». Mi hijo no podía frenar su necesidad de incordiar a la Policía de Franco, aunque su último objetivo no fuese el de cerrar filas con nadie, sino el de jugar a la contra, presumir delante las chicas, provocar la histeria del búnker y, sobre todo, comprobar que también se podía vivir siendo disidente de todo.

Esa mañana, la del 25 de enero de 1954, más de veinte mil estudiantes se echaron a las calles para protestar. Por primera vez en mucho tiempo, el régimen se vio acorralado por el puñetazo que los universitarios estaban dando sobre lo establecido. Como reacción a lo que ya era incontrolable, las cargas policiales se sucedieron. En ellas, mi hijo conoció a Fernando Ariel del Val, a Julián Marcos y a otros díscolos y rebeldes como Antonio Leiva, Enrique Múgica y Ramón Tamames, que organizaron en la Facultad de Derecho los llamados *Encuentros entre la poesía y la universidad.* Así, en silencio y de forma clandestina, se fue constituyendo el núcleo del Partido Comunista universitario.

Nano salía de casa a las nueve de la mañana y no volvía hasta las tantas. Estudiaba, pero también jugaba a las cartas en las tabernas, bebía vino en las tascas de la calle Echegaray y quería arreglar en un solo día España. Se las había apañado para crear, junto a sus amigos Carlos Romero, Gonzalo Suárez, Rafael Sarró y otros, una cofradía literaria desde la que adoraban a Nietzsche, a los ateos, a los nihilistas y a todos aquellos que sometieran las normas a un desafío constante. Y Nano hizo en ese año un pleno catastrófico en su historial político y sentimental. Por una parte, conoció a Teresa, una mujer y compañera de facultad más peligrosa que cualquier gabinete marxista y, por otra, se mezcló con el Partido Comunista.

Una mañana del mes de julio del 1955, en la horchatería del Parque del Retiro donde tantos helados y cucuruchos de fresa con nata había tomado al salir del colegio, Nano conoció, de la mano de Julián Marcos, a Jorge Semprún que, en la clandestinidad y bajo el seudónimo de Federico Sánchez, dirigía la organización comunista universitaria. Bastó una única charla para que mi hijo se prestase a formar parte de todo aquello. Así entró en el partido y, con él, todos los demás: Enrique Múgica, Ramón Tamames, Javier Pradera, Julio Diamante...

El otro asunto, el de las faldas, siguió un proceso distinto, pero empezó a gestarse en el otoño de ese mismo año, al inicio del nuevo curso y coincidiendo con la salida del último número de *Aldebarán* y el fallecimiento de Ortega y Gasset. Por eso, dos o tres días después de su muerte, grupos de estudiantes organizaron un acto en la Sacramental de San Isidro. Ese gesto puso contra la pared al régimen. Aquella mañana, mi hijo conoció a Teresa. Ella iba en primera fila, con una corona de flores que más tarde dejaría sobre la tumba de Ortega.

En febrero de 1956, en un clima de tensión, se produjo lo que haría estallar la primera gran crisis del franquismo: la de los universitarios. Estos, Nano entre ellos, repartieron por todas las facultades un manifiesto en el que se solicitaba la disolución del SEU y la convocatoria de un consejo libre de estudiantes para escoger un sindicato representativo y sacar a la luz la realidad de la universidad y la cultura en todo el país. La Policía, y hasta el propio sindicato, no sospechaba que detrás de todo eso pudiera haber un movimiento político ni que, en caso de haberlo, fuese el Partido Comunista.

El seis de febrero, alguien arrancó las flechas de falange que lucían en la escalinata principal de la Facultad de Derecho, de la calle de San Bernardo. A la mañana siguiente, cuando los falangistas lo descubrieron, interpretaron aquella maniobra anónima como una profanación y un agravio, y obligaron a los estudiantes a cantar el *Cara al sol* con el brazo en alto. Casi todos se avinieron. Casi todos menos uno, que recibió dos guantazos por su rebeldía. La noticia de la agresión, que llegó en pocos minutos a todas las facultades, provocó una inmediata reacción de solidaridad con Pepe Castañeda, el estudiante díscolo con el que mi hijo coincidiría cuatro años más tarde en la mili. El alumnado de toda la Ciudad Universitaria se sublevó contra aquel gesto de violencia, incluidos Nano, Teresa y otros amigos que andaban por allí. Aquella tarde, mi hijo llegó a casa, agarró el teléfono, se sentó en el cuarto de estar y, con mucha discreción y voz baja, llamó como un loco a todos los contactos que pudieran ser susceptibles de entrar en la rueda de apoyo. Al día siguiente, se encontraron con todo el lumpen proletariado de Madrid, con activistas como Javier Pradera, RamónTamames y otros que sacaron a la gente de las aulas casi a la fuerza, sin reparar en el cerco que los falangistas habían creado en el exterior del edificio, blindando todas las salidas. Los estudiantes no consiguieron ganar la puerta. Se quedaron paralizados, atorados en los pasillos y sin saber qué hacer para burlar el cordón policial. La situación les superó, y el único recurso que les quedó fue el de tirar de ocurrencia y donaire.

Nadie sabía cómo actuar, y el propio régimen estaba descolocado. Como medida preventiva, se decretó el cierre de todas las facultades, días después de aquellos disturbios. En aquel Madrid, era habitual que la música entrase por los balcones anunciando el paso de las tropillas de gitanos acompañados por un mono, una cabra y un oso pardo sujeto por una cadena. El mono hacía monerías, el oso bailaba y la cabra trepaba por los peldaños de una escalera portátil. El aire de Madrid estaba tan limpio como en los cuadros de Goya. Todos los días la regaban. En los bares, en las peluquerías y en los vestíbulos de los edificios públicos había escupideras. La gente ya no sabe lo que es eso. Los carros de los traperos se llevaban los trastos y la basura. Los mieleros, vestidos con un mandilón, ofrecían de puerta en puerta sus productos. El sonido penetrante de la flauta de los afiladores rasgaba el silencio. Las criadas cantaban coplas de Juanita Reina por las ventanas de los patios. Las vecinas, al atardecer, sacaban a la calle sillas de enea y le daban a la sin hueso. Los niños jugaban al fútbol, a pídola, a la peonza, a las chapas y al rescatado. No se veían yonquis, ni rateros, ni policías. Prostitutas, sí, en Echegaray y Ventura de la Vega. Había muchos cafés, quioscos de prensa, carritos de pipas, chufas y castañas pilongas, cines, cerilleras que vendían cigarrillos sueltos y un sinfín de aguaduchos. De aquello ya no queda casi nada. Madrid olía a campo. Corrían cucarachas y ratones y, en primavera, volaban vilanos y mariposas.

En aquellos días el tiempo para Nano era pegajoso. Él entretenía su soledad refugiándose en la Biblioteca Nacional, donde casi todo estaba prohibido, incluso Bocaccio, y donde los catecismos de la represión atizaban el ingenio de los jóvenes. Mi hijo se las apañaba para colar el préstamo de cualquier libro irreprochable, como las *Leyendas Marianas,* pero especificando en la ficha la signatura correspondiente al volumen de carne y hueso, como los de Vargas Vila, Felipe Trigo o Zamacois. Así se consolaban los chicos de entonces. Otros desahogos de la época para Nano eran los de las novias... Siempre en enredos de mujeres. Sin ellas, sin esa devoción, su capacidad de trabajo y su producción literaria habrían sido más fuertes y amplias de lo que al final fueron, pero la vida y los hijos son así. No dan tregua a nada ni a nadie. Tampoco lo hacía la revuelta estudiantil, que, pocos días después de la suspensión de las clases, se avivó por el enfrentamiento entre un grupo de falangistas y otro de universitarios. En esa refriega, una bala hirió casi de muerte a un falangista. Se llamaba Miguel Álvarez. Fue un tiempo de agitación, de amenazas y de estudiantes desbocados: destituyeron al ministro del Movimiento y al de Educación, y se puso fin a la maniobra de apertura que habían capitaneado Joaquín Ruiz-Giménez[2] y Pedro Laín Entralgo[3] y, a todo gas, construyeron la Facultad de Derecho en la Ciudad Universitaria para sacar a los estudiantes del centro de

2. Ministro de Educación.
3. Rector Magnífico de la Universidad de Madrid.

Madrid. El Ejército se acuarteló y prometieron lanzar sus huestes a la calle si el herido moría. Los falangistas, mientras tanto, con el odio y la rabia a flor de piel, prepararon con minucia una lista de cuarenta personas a las que deseaban liquidar. Nano estaba entre ellas, y a partir de ese momento todo se precipitó. Una mañana, Ruiz-Giménez, mi primo segundo, me telefoneó para ponerme al tanto de lo inevitable: «Elena, ya no puedo hacer nada por tu hijo. Van a por él. Haz lo que puedas para que se quite de en medio. Si el chico herido de bala muere, los pasearán a todos».

Se me heló la sangre. No supe qué decir ni cómo encajar aquel mensaje. El recuerdo de la guerra era un fardo muy pesado. Por eso me daba tanto miedo lo que pudiera pasar con los estudiantes. Para mí estábamos otra vez como en la guerra. Nano tuvo que esconderse en Ferrol y en la casa de su tío Jorge, donde había pasado, con tres o cuatro años, los meses más complicados de la postguerra. Yo, en Madrid, repetía con insistencia unos versos del libro *Sonríe China,* escrito al alimón por Rafael Alberti y María Teresa León, a los que mi hijo no tardaría mucho en conocer durante sus años de exilio.

Algo así estaba sucediendo en nuestras vidas. Dos o tres días después de que Nano se marchase hacia Ferrol, la Policía de Franco se plantó en Lope de Rueda para detenerle. Así que a mi hijo no le quedó más remedio que regresar al foro y entrar en la cárcel de Carabanchel. El día de la entrega, se lo llevaron a los calabozos de la DGS,[4] en la Puerta del

4. Dirección General de Seguridad

Sol. Su detención cayó en jueves. Él, que aún no había cumplido los veinte años –lo haría el dos de octubre– se vio confinado en celda, bajo la mirada de dos inspectores de la Brigada Político Social. Ya le habían tomado declaración y se afanaban en transcribir lo que mi hijo había confesado. Además, había conquistado a los agentes con sus bien aprendidos modales de niño bueno y su astucia de alumno aplicado del Colegio del Pilar. Durante una de esas confesiones apareció el comisario Roberto Conesa, conocido por su bestialidad y ensañamiento. Cuando este además de rojo, hijo de puta, niñato y cabrón le llamó resentido, en la cara de Nano se dibujó una mueca de estupor. Quiso saber el porqué de tal acusación. «Eres un resentido y estás aquí, disfrazado de rojillo imberbe, porque nosotros matamos a tu padre». No era lo que Nano creía ni esperaba oír. La sombra del padre, periodista asesinado, era verdad. Su protección y compañía estaban con él.

III

UN HOMBRE QUE QUIERE VIVIR Y A VIVIR EMPIEZA

Deja de preocuparte por envejecer y piensa en crecer.

El animal moribundo,

PHILIP ROTH

El 22 de febrero de 1956, pasados los tres días de interrogatorios que marcaba la ley, Nano entró en la cárcel de Carabanchel y aquello fue para él una fiesta. Entre ellos estaban, por ejemplo, Miguel Sánchez-Mazas, hijo del fundador de la Falange, Dionisio Ridruejo, Javier Pradera, Enrique Múgica... Eran todos hijos de familias bien que se quedaron tan perplejas y preocupadas como la nuestra. Quizá, por eso, el régimen interpretó la maniobra como una pataleta de estudiantes inquietos e impertinentes, pero nunca imaginó que detrás de ellos pudiera estar el Partido Comunista. Aun así, Nano pasó tres días en las celdas reservadas a los condenados a muerte y procesado por el artículo 288 del Código de Justicia Militar: «Los que se sublevaren en armas a las órdenes de una potencia extranjera». La pena prevista era de doce años y un día de prisión (en el mejor de los casos) o de condena a muerte (en el peor de ellos). Por fortuna, la jurisdicción militar se inhibió y el Tribunal de Orden Público se hizo cargo de los jóvenes. Ese fue el viacrucis que vivió mi hijo antes de instalarse en una celda compartida con su amigo Jaime Maestro en la séptima galería, en cuyo patio conoció una tarde a Dionisio Ridruejo, mientras este pintaba al óleo un paisaje castellano. Teresa, que había ofuscado a Nano durante el entierro de Ortega, por fin se dejaba querer.

Durante el otoño de 1955 habían empezado a hacer todo lo que a los novios de aquella época se les permitía: dar largos paseos, ir a algún guateque, asistir a clase y buscar luego un escondrijo en la facultad, recitar versos de Neruda, escribirse cartas de amor y ocupar las últimas filas del cine. Teresa nos conquistó a todos desde el primer momento. La chica, guapa y de buena familia, vino a casa al enterarse de la encarcelación de Nano. Durante la estancia de mi hijo en lo que sus compañeros dieron en llamar el Hotel de don Paco, él y la que pronto sería mi nuera, confraternizaron y se enamoraron por carta. Nano, con diecinueve añitos, se sintió encelado y escribió decenas de cartas en las que conquistó a Teresa.

En 1956, el aparato represor de Carabanchel era eso: un régimen estricto, autoritario y sin nada de intimidad en lo que a las comunicaciones se refería. Bastaba con escribir una palabra obscena o una línea algo subida de tono para que los funcionarios estampasen sobre el papel el sello de la censura. Mi hijo y Teresa se las ingeniaban para cartearse sin límite.

De Teresa a Nano

Madrid, 28 de febrero de 1956

Querido hijo:

Hasta que recibas mi carta, o mi primera visita, piensa que todos te echamos de menos. Yo siempre seré la misma y te querré como ahora te quiero, más que nadie. Rezo y pido a Cristo que te mire con piedad para que pronto puedas volver a mis brazos. Me acuerdo mucho de ti en casa, que está vacía sin ti. Miro al cielo y pienso que tú solo puedes ver un trocito de él, pero sé que habrá primavera y almendros floridos. Para eso tienes que olvidarte de la política. ¿Me lo prometes?

Ahora no te quiero triste. Ten valor como lo tengo yo para que nuestro amor viva en los sueños. Aquí tienes la fuerza y la esperanza de que pronto estarás en casa. Piensa en mí y escríbeme cada día. No te olvido.

De Nano a Teresa

Madrid, 5 de marzo de 1956

Séptima galería de la Prisión Provincial de Carabanchel

Querida mamá:

Contesto a tu última carta, escrita por la mano de la mujer que más quiero. Hace solo unas horas hablaba contigo por la reja. Ahora es tarde, muy entrada la noche, aunque tú no habrás empezado a cenar. A mi lado está el libro de Miguel Hernández y por la ventana escucho el silencio. Adivino tantas cosas a lo lejos... Si por cualquier cosa fuera a perderte, nada podría hacer. Pero me quieres y, sin decirlo, sabes lo que te digo, ahora, antes y después, entre líneas, a cada palabra, en la más apagada de las estrellas. He aprendido la verdad de este viejo tópico: la esperanza es lo último que se pierde. Yo me atrevo a más: no se pierde nunca. La muerte llega un minuto antes, y está muy lejos. Si alguien te hiciera dudar, diles que estoy tan firme como siempre, que soy el mismo, que en ningún momento he vacilado o he puesto la verdad donde no está. Cuando termine de escribir, seguiré sentado a la mesa con la cabeza sobre los brazos.

No soy mal chico y pienso mucho en ti, pero me ensucio y me rompo la ropa. Confía en mí. Sé tú también fuerte contra todo.

Tu hijo estará siempre contigo

Así pasaron dos meses de incesante cruce postal. Se veían dos veces por semana, durante el cuarto de hora del que los presos disponían, a través de los barrotes de las salas para comunicar. «A qué tanta política», se preguntaba sin entender por qué había tenido que renunciar a todo por hacerse el héroe. Por suerte, aquella privación no duró mucho. En abril de ese mismo año, el día dieciocho, salió de la cárcel. En los días previos a su marcha, habían ido liberando a personas como Gabriel Elorriaga, José María Ruiz Gallardón,

Enrique Múgica, Ramón Tamames y a otros hijos propios del régimen. Eran, todos, individuos incómodos para el sistema, pero no tenían la fuerza necesaria para preocupar en exceso al Gobierno de Franco. Eso decía la prensa del régimen, que se refería a ellos como comunistas de acné y granitos en la cara. Nano, por ser el más joven de los allí conjurados, dio pie a un romance compuesto por Jesús López Pacheco con la ayuda de todos los demás, que terminó circulando por La Pirenaica, la BBC y otros medios extranjeros, y en el que lo definían como «niño aún de pelargón». Mi hijo, Julián Marcos, Jaime Maestro, José Luis Abellán y otros, salieron de la cárcel convertidos en héroes de la universidad.

En la primera tarde de libertad, Nano se citó con Teresa en un banco de El Retiro que aún existe. Un banco que demostró a mi hijo, por primera vez, hasta qué punto iba a ser esclavo de las chicas. Allí, los dos, agarrados de las manos y mirándose a los ojos, se hicieron novios. Ella le preguntó:

—Entonces, ¿somos novios?

—Si tú quieres, sí.

En la España de aquella época, tener novia era casi como estar casado, aunque sin convivir, y mi hijo no comprendía la diferencia entre noviazgo y compromiso. Aquella tarde, a pesar de eso, fueron relativamente felices, pero Nano siguió metiéndose en problemas durante los meses sucesivos. Al romance hubo que sumarle la inmersión en el PCE. Pero, con el tiempo, comenzó a desencantarse con el partido, pues encontró lo mismo de lo que huía: una asociación con pilares más próximos a la hermandad de María Inmaculada que a un grupo revolucionario. En todo ese mundo, mi hijo se dio de bruces con una disciplina más dura de la que se imponía en Lope de Rueda y se preguntaba si sus camaradas eran realmente miembros del partido. Sus discursos eran más o menos como los míos. A pesar de ello, Nano seguía colaborando activamente hasta que llegó el verano y me fui con mis hijos al chalé de Alicante, mientras Guillermo se quedaba en Madrid. Alicante, entonces, era un palmeral sin ruidos, sin coches, y Nano salía e iba a la playa del Postiguet; se bañaba, asistía al cine de verano, leía, estudiaba...

De Teresa a Nano

Santa Pola, 30 de julio de 1956

Querido Nano:

Todo el día de ayer esperando una carta tuya y nada. Me quedé con cara de tonta cuando fui a recoger la correspondencia. Estudio durante todo el día y solo voy a la playa un ratito. Siempre lo hago con mis amigas y nunca con chicos. Tú seguro que estás en bañador todo el día y haciendo el mono. ¿Te ves con chicas? Si es así, dímelo, porque no quiero parecer tonta. ¿Ya no estás enamorado de mí? ¿Por qué no vienes a verme? Aquí seríamos muy felices y podríamos estar juntos.

Tu Teresa

En asuntos de faldas, mi hijo siempre quiso parecer lo que no fue jamás. Ya al final del verano, se fue a Santa Pola, a pasar el mes de agosto con Teresa y sus padres, y por los tabúes de la época, Nano instaló su campamento a dos kilómetros de la casa de su novia. Por la mañana, iban a la playa y mataban el tiempo leyendo o dándose un baño.

Con la vuelta a las clases, Nano retomó su militancia en el Partido Comunista. A él le hubiera gustado mucho más ir a cazar leones a África, pero como no podía llegar a ese extremo, le bastaba con eludir las redadas de la Brigada Político Social. Durante el curso de 1957, y pese al desencanto de los meses anteriores, mi hijo reforzó su presencia en el partido: se convirtió en la estrella del grupo, capaz de convencer a los más escépticos. Por amagar y jugar a la contra, volvió a colgar las armas de la política en la Semana Santa de ese año para irse con su amigo Gonzalito, hijo de Torrente Ballester, a correr aventuras y a hacer gamberradas por las Islas Baleares.

De Nano a Teresa

Formentera, 12 de abril de 1957

Corazón:

Al fin me quedé solo frente al mar. Como en los cuentos para niños, no sé por dónde empezar. Hay gaviotas sobre el agua como si fueran patos, Palma (tan bonita, tan italiana, tan mentirosa), los almendros que no llegué a ver, las mil cosas que aprendemos en los viajes y que parecen esta vez más importantes porque no viniste conmigo y no las sabes...

Amor mío, claro que me encanta esto. Pero también te echo de menos. Tierra adentro, a media hora de camino, está Deyá. Mallorquina, bondadosa, solitaria, en silencio, empinada y montaraz. De veras, nunca te necesité tanto. El sol tiene escamas amarillas como una naranja y deja trenzas en el cielo. Las calas son de piedra chica (de guijarros, como tus ojos) y la hierba, corta. Allí te besaría, te levantaría en brazos, te cogería las manos para que no dejases de ver ni la última hoja del árbol más alejado. Sé que todo esto existe porque estás tú, que nunca faltas en mis sueños.

Voy a buscar la margarita más blanca de la tierra para enviártela.

Te quiero con locura.

Nano

P.D.: La margarita que he encontrado no es la más blanca ni la más bonita de la tierra, pero sí la única que hay en la isla.

Nano tenía aquel año unas ganas locas de vivir de un tirón. En Ibiza y en Formentera se había enriquecido con el sol, las piedras puntiagudas, el rugir del viento. Contaba con el apremio de hacerlo todo al mismo tiempo y con la necesidad de no envejecer nunca.

Por lo demás, habría jurado, durante aquellos años, que el amor entre mi hijo y Teresa era como un crepúsculo madrileño. Todo lo malo se recrudecía cuando se separaban, siempre en los meses de verano. En aquellas paradas, el tiempo se detenía y dejaba de existir la alegría, y los murmullos daban paso al miedo de perder a Nano. En el verano de 1957, mi hijo volvió con nosotros a Alicante y ella se apuntó a unos cursos que el SEU impartía en Begur.

De Teresa a Nano

Gerona, 2 de julio de 1957

Querido Nano:

Qué poco sentido tienes de cómo estoy. Ya solo me escribes durante tres horas al día, que van a menos porque tienes que ir a la playa o a los toros.

Esta separación es larga. Falta mucho para septiembre. Ahora es cuando más te necesito y no te puedo tener. Tú, como todos, eres un canalla más. Yo quiero que tú te preocupes tanto de mí como hace un año, pero tú solo pareces perseguir una libertad que no se vea amenazada por novias que te aparten de la política o te rueguen que lleves escapularios.

Teresa

P.D.: Si no me respondes a tiempo, el viernes iré a la piscina donde van los chicos.

De Nano a Teresa

Alicante, 15 de julio de 1957

Decirte que te quiero en este día, ni hace falta siquiera. Te envío a máquina lo que hoy escribí para que lo entiendas y no vuelvas a tener esos miedos. Te quiero más que nunca y tú lo vas a creer sin desconfianza.

Nano

PD: Bien puedes esperar unos días para ir a bañarte.

Años después, cuando Nano releyó estas cartas, dijo que escribió lo que escribió por sentirse obligado a justificar su papel de novio. Quizá fue así, pero yo, que lo vi entonces, y que conocí a Teresa, sé que, en algún momento, por pequeño que fuese, su historia fue para él como *Adiós a las armas*, de Ernest Hemingway.

Así, agosto se echó a andar, y nosotros nos trasladamos de Alicante a Soria y ellos hipotecaron el mes con un ir y venir de cartas cruzadas. Nano, antes de escribir, siempre pensaba en lo que iba a decirle a Teresa. En aquella Castilla la Vieja, Soria era muy breve. Según se entraba, al dejar atrás la estación vieja, había un hotel a la derecha y un cine a la izquierda; después, una plaza con su monumento del régimen, casas desiguales, cuatro callejas mal dibujadas, unas cuantas confiterías pasadas de moda, la dehesa a un lado y al otro la calle mayor. Solo las campanas anunciaban el paso del tiempo al tocar de hora en hora.

Allí, el día de Santiago era cosa muy seria. A primera hora de la mañana, las beatas volvían de misa, los ricos iban a la de doce y todo se llenaba de gente endomingada, jovencitas con sombreros color de rosa y niños de cinco años con chaqueta y corbata. Las muchachas de servir iban a los bailes del río, los padres de familia presumían de hijos estudiosos y los guardias de tráfico se rompían en silbidos por cada coche de los que cada cuarto de hora pasaba mientras la Colegiata y su séquito de pequeñas iglesias echaban las campanas al vuelo.

Por lo demás, para Nano Soria era serenidad y paz: bajaba al río, se bañaba con los ojos cerrados, subía a la ciudad, paseaba por el Espino, comía entre los juegos de sus hermanos y se inclinaba después seis horas sobre la máquina de escribir. Al anochecer, le gustaba entrar en las tabernas, tomar un vaso de vino escuchando las lejanas conversaciones de los demás. Luego, cenar, leer páginas nuevas, quedarse pensativo, huir del silencio. Para Nano había un extraño encanto en aquel perder el tiempo de las ciudades viejas. Una mañana de aquel verano, regresó a casa contando que había sido feliz en la silla del barbero, con la cara enjabonada. Así era él. Nano regresó a Madrid el último día de agosto para empezar las clases, y Teresa y él se dieron una oportunidad a esa vuelta. Después de Reyes, mi hijo volvió a hacer de las suyas. En esas fechas, el Partido Comunista estaba organizando una excursión a Moscú para asistir al Festival de las Juventudes que allí iba a celebrarse. Nano no los acompañó.

La organización había alquilado un piso clandestino en

la calle de Cuchilleros, a un paso de la Plaza Mayor y en el mismo edificio del Restaurante Botín. En esa madriguera, habían instalado una multicopista. Una noche, la policía los pescó *in fraganti*. El régimen se llevó un impacto muy fuerte al comprobar que el comunismo había calado hasta el fondo en la universidad, y Nano regresó a Carabanchel el 10 de enero de 1958, previo paso por las ratoneras de Sol y procesado, de nuevo, por el 288 del Código de Justicia Militar. Caía sobre él, otra vez, una pena de doce años o muerte. Todos los que nos quedamos al otro lado asistimos con temor a ese nuevo proceso. La única que mantuvo la calma fue Teresa, que venía todos los días a casa cuando yo volvía de la cárcel. También, dos veces por semana, iba a comunicar a los locutorios de Carabanchel. De aquella época conservo la primera tarjeta postal que mi hijo me envió durante su segunda etapa en la cárcel.

De Nano a su madre

12 de enero de 1958

Prisión Provincial de Hombres
C. Carabanchel. 9ª Galería

Querida mamá:

Solo unas letras, sin mucha novedad, pero con buen ánimo. No te preocupes demasiado, porque todos los ríos llevan menos agua de la que aparentan. No pido comprensión, pero sí perdón. Debemos perdonar lo que no entendemos, aunque ningún pecado exista. Quiero que os riais todos: mi padre y mi hermana Marilén y mi hermano Billy. Estamos buenos si perdemos el sentido del humor. A Teresa dile que espere y que no se case hasta que yo salga. Saludos para toda la familia. Necesito: *Gramática portuguesa,* de Barcenilla; *Gramática italiana,* de Llovera; *Apuntes,* de Dámaso Alonso. Están todas en mi cuarto. Esto por el momento.

Buen ánimo y un abrazo muy especial para Teresa.

Tu hijo

En el frío enero de 1958, todos echábamos de menos a Nano. En la cárcel, mi hijo miraba al techo de su celda y escuchaba la radio compartida con los presos comunes. Para Nano, los domingos siempre habían sido aburridos, pero desde la cárcel recordó su sabor especial. Todo eso no existía en Carabanchel. A ratos, le imagino particularmente solo. Esa imagen para mí daba forma a la tristeza porque mi hijo era todo corazón. Condenado a la oscuridad completa, su subterfugio para resistir eran los libros. Cada noche, encendía una cerilla, ojeaba cuatro líneas, se quemaba los dedos y repetía la acción hasta terminar el volumen. Así leyó *En lucha incierta,* una novela de Steinbeck cuyo título en inglés, *In Dubious Battle,* era una cita del *Paraíso perdido* de Milton referida a la lucha emprendida por Lucifer frente a Yavé. Una batalla equivalente a la que entretenía a mi hijo: la de leer sin freno para olvidar la cárcel, para no acostumbrarse a ella ni a sus murallas más de silencio que de hierro.

Gracias a los libros, a su espera y esperanza, durante los once meses que pasó en Carabanchel aprendió, seguramente, el valor de la libertad, supo de las preocupaciones, conoció el olvido, la desesperanza, las palabras débiles, las miradas perdidas, la ausencia de besos y la falta de intimidad. Y se dio cuenta de las cosas que de verdad tenían importancia. Y se alegró de saber que la felicidad, para que alguien la alcance, tiene que llevar con ella la posibilidad y el intrínseco miedo de perderse.

En febrero Nano siguió enviándonos cartas a nosotros y a Teresa. Esta última consiguió que el capellán de la cárcel, Gumersindo Placer, sacase las cartas que nunca hubieran pasado las mojigaterías de la época.

De Nano a Teresa

Carabanchel, 31 de enero de 1958

Querida Teresa:

Recibí una tarjeta de mamá que me habla bastante de ti, y me dice que estás muy triste. Quiero verte como siempre, alegre y bonita. Las cosas no son para tanto, ya sabes cómo es la vida: una de cal y otra de arena. Días fáciles y agua fría para templar la resistencia. Ten esperanza, chiquita, y diviértete. Pero en el buen sentido de la palabra. Tú me entiendes.

Te contaré algo de mí para que lo pongas en el cuarto donde duermes. Juego al ajedrez, estudio, miro los tejados de Madrid y sueño sin escribirlo.

Echo en falta muchas cosas y me sobra cuanto me rodea. Los recuerdos nadie los ve y van muy dentro y muy solos.

¡Cuántas cosas te podría contar! Tú eres quien más quiero de la familia. No dudes de eso, y ten paciencia... O no la tengas, basta con fuerza para vencer los acontecimientos. La *Divina Comedia* que me envías está por llegar. Quiero libros de los que solo tú sabes escoger. Es un modo de anticipar una vida feliz, una tarde de sol, un amor para toda la vida.

Estudia mucho y ven a verme; escribe pronto y tendido. Con esperanza, con recuerdo, con fidelidad. Alguna foto tuya me haría sentirme menos solo. Son los pequeños romanticismos de un sentimental con las alas rotas, y alas para volar muy alto tendré y os llevaré a todos conmigo. Más fuerte y más seguro. Cuando salga, me quedará vida para muchos siglos.

Encuéntrame en las cosas. Yo tengo tu patito y tu letra y las fotografías de Toledo.

Recuerdos al resto de la familia. En todos pienso y los quiero. Aquí he oído una vez (a la hora de más sol) la Sinfonía del Nuevo Mundo.

Que seas muy feliz.

Nano

De Teresa a Nano

Madrid, 22 de febrero de 1956

Querido Nano:

Anoche recibí dos cartas tuyas, y traían una alegría triste que solo noto yo. Te quiero, y además estoy tranquila. Tú estate también tranquilo porque solo salgo con mi madre y con mi grupo de amigas, nunca vienen chicos.

No podría resistir una noche sin tu carta. Cuando nos veamos, te apretaré la cara y las mejillas de Horacio[1] con las manos. Aquí afuera llueve. El cielo no podrá ser hoy azul, solo lo es cuando lo veo a través de tus ojos.

Por las noches, rezo para que todo se arregle, y he hecho tantas promesas para verte de nuevo en casa que casi no voy a tener vida para cumplirlas. He estado cosiendo y leyendo unos libros de higiene muy interesantes. Son de niños, para aprender a darles la papilla, a bañarlos... ¿Te imaginas? Mi madre me está enseñando muchas cosas para cuando eso llegue. Espero que te guste que haga estas cosas y que no me veas demasiado hacendosa, aunque sé que en el fondo me prefieres así.

Dime que me quieres. La esperanza de una vida feliz, de unos almendros que tienen ya brotes nuevos, aunque

1. Horace Horsecollar (en español llamado Horacio) es un personaje de dibujos animados creado en 1929 por Ub Iwerks y Walt Disney. Teresa siempre decía que Nano se parecía a él.

esto no me alegre como otros años. Ten fe y piensa en todo lo que haremos con ilusión, aunque ahora el tiempo esté lleno de ausencias tristes. Te quiere mucho y te necesita,

Tu Teresa

Los meses pasaban muy despacio, y Nano se divertía con los presos comunes o en soledad. A veces salía al patio a tomar el sol o escuchaba la música que el jefe de servicio de la cárcel, don Casimiro Guisasola, dedicaba al grupo de estudiantes comunistas. La cárcel se convirtió para mi hijo en un guateque en el que no había chicas, pero sí ratos de libertad en los que leer, escribir y conocer a otros estudiantes como él o extrañas gentes que habían terminado en la cárcel.

Yo iba a visitarlo dos veces por semana. Solía llevarle ropa, libros y, casi siempre, un flan de huevo –su favorito– que luego repartía con sus compañeros de celda. El Jueves Santo de ese año, con Billy y Marilén de acampada y Guillermo atareado con sus ocupaciones funcionariales, recibí a media tarde una carta de Nano. Pocos días atrás, había leído yo en un libro, *El Puente de San Luis Rey,* del estadounidense Thornton Wilder, el esfuerzo con que una madre escribía a su hija obras de arte en forma de carta para ayudarla en los peores momentos. Algo así quise hacer con Nano.

Cada vez que pasaba por Carabanchel, sufría el peso de la separación forzosa, y a veces imaginaba el derrumbe de esas murallas. Él, en cambio, se asomaba siempre a los locutorios con una sonrisa y la barba mal afeitada. Nano supo en la cárcel que la juventud era la voluntad del carácter del hombre. Repetía esa idea cada vez que me veía aparecer por Carabanchel. En esos días, me sentía joven con él: se nos alegraba el corazón. Al volver a casa, reía con la convicción de saber que mi hijo sería un hombre feliz. Teresa, en cambio, a pesar de tanta carta de amor, iba, la pobre, hecha un mar de lágrimas.

Un miércoles del mes de mayo, Nano salió al patio y se sentó a reposar el ejercicio con un *Redención,* el periódico de la cárcel. En sus páginas leyó la noticia de la boda de un recluso y, caramba, si otros se podían casar en la cárcel, ¿por qué no iba a hacerlo él? Nosotros no supimos nada hasta pasadas unas semanas.

De Nano a Teresa

Carabanchel, 17 de mayo de 1958

Amor mío:

Está cercano el día de nuestra independencia. Acaba de llegarme el jersey que me has tejido. Es el más bonito que he visto en mi vida. Me gusta el color, me gusta la forma, me gusta el dibujo. Tú sabes que no hablo por educación. Jamás soy educado con las personas que quiero. Estoy encantado. Casi me parece que lo hayas hecho tú sola. ¿O te ha ayudado tu madre?

Me lo he puesto enseguida y me viene bien. Ganas me dan de cerrar aquí la carta y de pasearme por las celdas para dar envidia. ¿Sigue abierta esa tienda de mantelería en el barrio? Pasa por allí y elige lo que más te guste. Aquí hay un taller de cestería y podría comprar algunas cosas. Las necesitaremos para nuestra nueva casa. He visto una cesta preciosa, como de mimbre. ¿La compro? Podríamos llevarla cuando hagamos alguna excursión. Hoy me he visto con el padre Llanos. Me ha traído algunas noticias y estoy contento. ¡Podemos casarnos aquí! Tú no tengas miedo. Al acostarme por las noches, pienso en ti y te rezo y te ayudo de verdad. Has llorado demasiado. El padre Llanos, Nieves, la madre de Julián, todos te han visto llorar. Eso me pone triste. Olvídalo todo. Estás conmigo, vamos a casarnos. Dormiremos juntos, extenderás tu brazo y podrás tocarme, lucharemos riendo entre las sábanas y al final te besaré. De momento, solo son palabras, pero ya que no puedo ayudarte de otro modo, tenlas todas, mi amor. Vamos, sé valiente. Hoy escribiré a mi madre. ¿Lo contarás tú en casa?

Te ama hasta las estrellas,

Nano

Teresa dio aquella noche la noticia a su familia, y la echaron de casa. Mi hijo me escribió una nota para ponerme al tanto. Yo, disgustada, dejé de ir a la cárcel. Días después, recibí otra carta de Nano:

De Nano a su madre

Carabanchel, 22 de mayo de 1958

Querida mamá:

Escribo esta vez para cosas importantes que tú pareces eludir. Ya sabes a qué me refiero. Son las diez de la noche. Nunca he tenido gran fe en las palabras, y mucha menos en las que no se dicen cara a cara. Pero, si me conoces lo suficiente (y siempre has presumido de ello), descubrirás la verdad. Confieso que me ha sorprendido tu actitud. No me gustan los subterfugios y prefiero hablar claro. Los hechos están aquí: he decidido casarme con Teresa y lo he hecho a sabiendas de lo que ello significa, con sus ventajas e inconvenientes. Las razones que me impulsan son fáciles de imaginar. Necesito verla con más frecuencia y sin trampas. Pero existe una razón más importante: la quiero. No me interesa vivir sin Teresa. La necesito aquí y ahora, y no hablo al resguardo de un impulso momentáneo. No me busques en el pasado, no existe un Nano distinto. Esto no es un reto, y me molestaría que lo tomases como tal. Pido comprensión y quiero casarme con tu consentimiento. No planeo un asesinato, sino el hecho más claro y bonito que jamás pude imaginar.

Si escogiera la línea fácil, te acusaría de pertenecer a una generación más vieja. Lo segundo, salta a la vista, no es el camino. No es, por lo menos, el camino limpio y honrado. Legalmente estoy a salvo y la vía personal no es digna. Si emplearas armas a las que hoy no puedo responder, me llevaría una desilusión. Ayuda económica, ni pido ni necesito. Estoy dispuesto a afrontar lo que haya de venir. Lo está también ella. Ninguna penalidad más cruel que la separación y la espera.

No me ocupo de lo que socialmente entraña un casamiento en la cárcel. A Guillermo le preocupa mucho, pero estoy seguro de que tú calas más hondo. Respecto a mi porvenir, no corre ningún peligro. Mi porvenir está con Teresa. Mi carta es una llamada a la comprensión, una mano tendida. Lee estas líneas como lo que son: un planteamiento serio de algo que debe resolverse sin dilación. Y, por favor, no cierres los ojos.

En cualquier caso, repito, yo escucharé cuanto creas conveniente decir. Pero ella tiene miedo y está sola. Lucha por lo que es suyo y su mirada lo dice todo.

Que mi madre la quiera también.

Tu hijo

Yo, tratando de imponer algo de cordura y madurez.

De Elena a Nano

Madrid, 30 de mayo de 1958

Querido hijo:

No me ha sido posible, hasta hoy, contestar a tu carta. He estado demasiado triste y enferma como para hacerlo. Pero no quiero dejarlo más. Tu carta es dura y decepcionante. Sigues siendo el niño que todo lo aprendió en los libros y que dejó secar en su corazón su amor hacia mí.

Siento no poder asentir a lo que has decidido hacer, te expongo las razones. No has terminado la carrera ni hecho el servicio militar. Al día siguiente de tu libertad, esos dos problemas van a atarte los brazos. Ya sé que el primero no te preocupa. Me has repetido veinte veces que no piensas vivir de la carrera que elegiste. Sin embargo, yo te pido por tu bien que la termines. ¿Qué haréis mientras solucionas esos dos puntos? Y paso por alto lo que será de tu mujer hasta que salgas de ahí.

Te lo dije el otro día y te lo repito hoy: el hombre de voluntad consigue primero y ofrece después lo que creó con su esfuerzo. Esto es una realidad y no el pensar que ya se arreglará. Hagas lo que hagas, hazlo ahora. Como bien dices, legalmente estás a salvo (¿de quién?).

Nunca me opuse a esta boda, sino todo lo contrario. Lo que no encuentro sensato es el momento, y no tan solo por lo innecesario en la forma de realizarlo, sino por las consecuencias. Si tú te encontraras con los dos problemas que te señalé antes solucionados, sería para mí un descanso que creo merecer. Piensa en mi dolor, en el mismo momento en que yo comprobaba otros engaños.

Estoy triste, Nano, y nunca creí que este hundimiento me llegara por ti.

¿Qué más puedo decirte? Pediré a Dios por tu felicidad y quizá Él, al ver que eres tan niño, te concederá lo que yo quise darte y tú no supiste tomar.

Te querrá siempre tu madre,

Elena

De nada sirvieron mis letras. Nano veía ese matrimonio como una bandera de esperanza. Creía que el amor era una llave y que todas las puertas que no conducían a Teresa estaban cerradas. La promesa de aquella boda era, para un recluso como mi hijo, la posibilidad de recuperar los besos furtivos en los que ahora no podía recrearse. Para Teresa, la boda era un deseo cumplido. Cada uno tenía sus motivos y, tres meses después del anuncio, mi hijo y Teresa se casaron en el mes de agosto en Carabanchel. Él tenía solo veintiún años, no gozaba ni de oficio ni de beneficio, y todavía estaba procesado por el Código de Justicia Militar. Nada se hizo según las normas de la época y aquella boda fue la más excéntrica y vaporosa de cuantas presencié. Para el sacramento, los funcionarios habían habilitado una capilla improvisada en el interior de una celda que contaba con una virgen vetusta, cubierta con un manto azulado salpicado de estrellas. Teresa decidió casarse de blanco, pero con vestido corto. Nano lo hizo con traje azul y corbata, y el padre Gumersindo Placer ofició el enlace con el regocijo de la labor cumplida. Mi marido Guillermo no cedió ante tal escandalera y se quedó en casa. Cuando salí por la puerta para acudir a la cárcel, lo vi reclinado en el mirador de la alcoba, mirando pensativo al canario.

En Carabanchel fuimos solo seis invitados. Yo, junto a

mi hermana Susi, miraba con perplejidad cuanto acontecía: un matrimonio que acababa de nacer para estrellarse veinte meses más tarde. Al cabo de dos horas, todo había terminado. La desposada volvió con su familia a su casa y Nano a su galería de Carabanchel. Mi hijo pasó su noche de bodas en compañía del poeta Carlos Álvarez y Antonio Ron, presos igual que él. Como pitorreo, los funcionarios metieron también en su celda a la Tercerola, un joven muy amanerado.

Cuando llegó el otoño, el Gobierno ya no sabía si ordenar la libertad o prolongar la pena de todos ellos. Se podía leer entre líneas que las decisiones que los jueces adoptasen sobre los acusados como Nano recaerían más sobre un ambiente que sobre unas pocas personas. Una retención prolongada en Carabanchel podría crear profundos desequilibrios en el país y condenarlos a doce años parecía una medida excesiva para aplicar a los jóvenes *sublevados* que, además, eran, casi todos, hijos de papá, nietos o primos de los héroes del Movimiento.

La vertiente más subversiva del clero envió una carta al ministro de Justicia para pedir que se procurase poner término a la condena de los jóvenes:

> Quienes firman este escrito, sacerdotes que por diversos caminos han llegado a convivir con el mundo universitario, ante el caso que representan los estudiantes encarcelados todavía y sometidos a la acción del Juzgado Especial para la Represión de la Masonería y del Comunismo, exponen: nos sentimos obligados a presentar a V.E. lo

que creemos del todo punto necesario no solo para contribuir a la clemencia de los acusados, sino para ayudar a la justicia en el estudio y acierto de sus decisiones. Estos muchachos son víctimas y no solo reos; víctimas de una sociedad a la que pertenecen, y que les ha ido escandalizando hasta el punto de provocar su rebeldía. Su gesto, pues, el de ellos, por debajo de la expresión política concreta que haya alcanzado, abarcando realidades religiosas y sociales, responde a una generosidad y sinceridad juvenil que parece exigir una especial comprensión en el momento de dictaminar sobre su suerte.

Gracias a ellos, recién enterrado el Papa Pío XII, el régimen aprobó un indulto para los universitarios. Al enterarse de la noticia, Nano y el resto de los reclusos se agolparon en una misma celda con un sentimiento glorioso de libertad, y el dieciocho de noviembre pisaron, por fin, las calles de Madrid. Padres, tíos, primos, abuelos y hermanos estábamos esperándolo, y él, que no nos dio ni bola al entrar, repasó con la mirada a toda la comitiva de recepción hasta posar los ojos en Teresa. A partir de aquella tarde, comenzó la verdadera odisea del matrimonio, y se fueron de viaje de novios a Baleares. A su regreso, la vida se organizó de otra manera, y la familia de Teresa, como regalo de boda, les compró un apartamento en la Calle Duque de Sesto, a mitad de camino entre los domicilios de las dos familias. Comían con ellos y cenaban con nosotros. No tenían un duro y el pisito, que era una delicia para cualquier pareja de recién casados, pronto se convirtió en un túnel del terror.

Mi hijo había conseguido un trabajo en el Instituto Técnico de la Construcción y el Cemento, fundado y dirigido por Eduardo Torroja. Fue la primera, y casi última vez, que Nano tuvo un empleo fijo. Aquella fue una etapa demencial en la que ambos lograron acabar sus carreras. También se agudizaron las tensiones familiares. Alejandro, mi primer nieto, nació en el mes de febrero de 1960. Con su llegada, casi todo saltó por los aires: Teresa decidió trasladarse a la casa de sus padres para facilitar una crianza en la que Nano no mostraba mucha colaboración.

A esas alturas del calendario, a Nano le quedaban un par de asignaturas para acabar su licenciatura y todos los días iba y venía del cuartel de Cuatro Vientos, donde cumplía las normas a las que le obligaba su pertenencia al cuerpo de zapadores. En una de esas tardes, mi hijo volvió a la casa de sus suegros a comer para irse después a estudiar. Cuando llegó, reparó en las caras largas que parecían estar perdonándole la vida. Nano decidió replegar velas e irse a estudiar a la biblioteca del Ateneo, confiando en que el enrarecimiento hubiese cesado para la hora de la cena, pero cuando echó mano a la puerta la encontró cerrada con llave. La noche anterior había salido con sus amigos escritores hasta muy tarde y esa fue la gota que colmó el vaso. Los padres de Teresa organizaron un consejo para afear el comportamiento de aquel yerno que les había caído en suerte. Allí reunidos, la madre de Teresa y también el padre, que había sido un comunista condenado a muerte al terminar la guerra, llamaron a los pocos miembros de mi familia que aún no se habían ido de veraneo a Alicante: Guillermo y mi hermana Susana.

El padre de Teresa acusó a Nano de «ser un mal marxista», y mi hijo le respondió: «Eso de mal marxista ya se verá algún día quién lo es». Mi consuegro se abalanzó como una bestia sobre el cuello de Nano, gritando improperios. Guillermo se levantó ofendido y dijo: «Nano, tu madre ha sido insultada en esta casa y no podemos seguir aquí». Teresa salió corriendo hasta el rellano de la escalera, lo único que ella quería era amedrentar un poco a Nano, pero nunca habría querido llegar tan lejos. Los recién casados charlaron un buen rato y Teresa le dijo que se marchase a Torremolinos, que disfrutase de la vida.

Nano, que aún estaba haciendo la mili, tenía en aquel verano una libranza de tres meses. Así que, al día siguiente, mi hijo y su amigo Miguel Rubio se fueron con lo puesto en autostop hacia el sur y llegaron a Torremolinos, la Babilonia del turismo, un Edén mediterráneo. En Madrid quedó el capítulo de Teresa, cerrado ya para siempre.

IV

EL DORADO

> Si un muchacho, por tímido que sea, no consigue nada con las chicas de Torremolinos, más vale que dimita de la raza humana.
>
> *Hijos de Torremolinos,*
> James A. Michener

Nano no envió una sola carta durante los veinte primeros días de viaje. Mi hijo no tardó mucho en descubrir que Torremolinos era una buena atalaya interior y encontró en aquella Costa del Sol la amistad, el fervor juvenil, el amor y la fugacidad:

De Nano a Elena

Torremolinos, 26 de julio de 1960

Querida mamá:

Te pongo unas letras desde esta increíble Costa del Sol malagueña, que es una sorpresa en la geografía española. Hasta ahora, todo nos sale muy bien. Hemos pasado por Granada y Málaga, y pensamos descansar aquí dos o tres días y subir por la costa hasta Alicante.

Espero llegar allí el 30 o el 31, pero no puedo asegurarlo porque el autostop es imprevisible. Estamos, además, momentáneamente estacionados por la cuestión económica. Esperamos que me envíen desde Barcelona el dinero de una traducción, y como no lo hagan en dos o tres días tendremos que buscar otras alternativas. Con eso –y con otras dos traducciones que tenemos pedidas– pensamos recorrer las islas y la costa mediterránea durante el mes de agosto para terminar en Navarra, en las fiestas de no sé qué pueblo, donde estamos invitados.

Te aseguro que necesitaba un viaje como este. Lo necesitaba y no lo sabía. Tengo muchas ganas de hablar contigo y, si por casualidad no llegara a tiempo a Alicante, pasaríamos por Soria. Lo haría con mi compañero y amigo Miguel Rubio. ¿Entiendes que no pasando estos meses con vosotros evito las suspicacias de Teresa para esa nueva vida matrimonial que, no sin cierto escepticismo, estoy honestamente dispuesto a comenzar?

Si quieres, escribirme puedes hacerlo a Málaga, Lista de Correos o de Telégrafos.

¿Cómo están todos? Dales un abrazo de mi parte. Guillermo se portó estupendamente en Madrid.

Y para ti todo el cariño de tu hijo.

Nano

Encontraron hospedaje en una casa particular, y compartían ellos dos una habitación humilde. Pese a todo, no echaban de menos nada: eran pobres, jóvenes y felices. Mientras Miguel estiraba sus horas de sueño, Nano pasaba por el mercado. Daba siempre una primera vuelta a los puestos y, tras revisar su monedero, compraba un racimo de uvas, una barra de pan, anchoas en conserva, un paquete de cigarrillos *Vencedor* y el periódico *Pueblo*.

Aquel Torremolinos era algo así como un pueblo de pescadores, y la alocada rutina dominaba la existencia. Nano y Miguel vivían siempre pendientes de la llegada de un giro y alargando los cuatrocientos duros que les quedaban en el bolsillo. Se mecían en ellos y se preparaban para la noche.

En una de esas veladas, mi hijo se despidió de los demás y subió la cuesta de la calle de San Miguel. Al pasar por la estación de autobuses, salió de su ensimismamiento al percibir una sombra. Era Adela Suárez, una conocida de Madrid, hermana del director del cineclub del SEU, que luego, años después, sería crítico de cine. Nano y Adela se conocían a través de terceros, pero apenas habían coincidido en la universidad. Cruzaron unas cuantas palabras más, se dieron las direcciones y las cosas quedaron claras para mi hijo. Lo imagino allí, sentado al lado de ella.

En paralelo, las finanzas de mi hijo y de Miguel cayeron en picado y su estancia en Torremolinos empezó a complicarse. Gastaban dinero por encima de sus posibilidades y una noche repararon en que no les quedaban más de cuarenta duros en el bolsillo. Adela, que, como Nano, era de familia bien, se ofreció a hacerles un préstamo, pero mi hijo se vio en la obligación de renunciar a su proposición.

De Nano a Teresa

Torremolinos, 30 de julio de 1960

Querida Teresa:

Te pongo unas letras apresuradas desde esta Costa Azul a la española. Hasta ahora, las cosas nos vienen saliendo bien: el tiempo es magnífico, el autostop no falla... Hemos decidido prolongar el viaje durante todo el mes de agosto, contando con la traducción de Miguel y con dos nuevas que tenemos pedidas. Sin embargo, tengo la intención de pasarme por Alicante dentro de unos días y seguir luego por la costa hasta Barcelona. De allí iremos a Pamplona para las fiestas de no sé qué. Y cambiando de tema, ¿podrías enviarme las otras mil pesetas que tienes? En estos momentos, estamos al borde de la ruina y tenemos miedo de que el giro desde Barcelona se retrase. Ya sabes cómo es esto de las traducciones. Yo te pagaría las ocho mil primeras con las obligaciones y las mil restantes te las giraría dentro de unos días, al recibir el dinero de la traducción. Si puedes, envíalas con la mayor urgencia a Lista de Telégrafos (Málaga).

Seguramente creerás que este es el único motivo que me lleva a escribirte. Pensaba hacerlo uno de estos días, pero las circunstancias lo han apresurado. ¿Cómo está el niño? ¿Sabe ya decir papá?

Un abrazo,

Nano

Teresa no respondió y Adela les cedió las mil pesetas. La noche que siguió al préstamo terminó en el escenario habitual: en El Dorado. A las tres y pico de la madrugada ya no quedaba nadie en la pista. Tampoco quedaba mucho en el bolsillo de Nano. Aquella noche bailó hasta la extenuación con Adela y descubrió que la que ahora era la chica de sus sueños tenía novio. Nano volvió aquella noche a su pensión, cansado, sin ganas de encontrarse con nadie, pero, cuatro días después, concienzudo hasta el fin, mi hijo desarmó las reticencias de Adela y sucedió lo que tenía que suceder.

En cuatro días se fraguó este amor y Nano fue abandonando a Miguel y a los otros para pasar todo el tiempo con Adela. Mi hijo había caído otra vez en la trampa del amor. Quedaban todas las mañanas frente al Central, bajaban juntos a la playa, comían en alguna terraza y, al atardecer, retozaban en la Playa de la Roca. Nano y Adela eran dos jóvenes valientes con su historia de amor. Al día siguiente, Adela regresó a Madrid y Nano siguió su ruta hacia Alicante.

De Nano a Elena

Alicante, 12 de agosto de 1960

Querida mamá:

He llegado finalmente a la *terreta,* mi trabajo me ha costado. A Torremolinos me llegó menos dinero del previsto y con retraso. No pudimos salir de allí hasta el día ocho. Después, el autostop, que se nos ha dado magníficamente en todas partes, se vino abajo en Almería. Tardamos tres días en atravesar la provincia, con un paisaje de dunas y sin tráfico. En resumen: hasta ayer, día 10, no conseguimos llegar a Alicante, y lo hicimos con treinta céntimos en el bolsillo, mucha roña y algunos kilos menos. Pero, a fin de cuentas, hemos conocido a gente estupenda y estoy contento por ello.

Ahora, en cuanto consiga dinero, podré seguir adelante. Si me envías las mil pesetas que te pedí podré salir rápido hacia Soria y, desde allí, seguir para Barcelona. Allí tengo trabajo y puedo resistir hasta el término del permiso. En Madrid no se me ha perdido nada a estas alturas. A lo mejor tardo más de lo previsto en llegar. Respecto al triste espanto con que, más o menos, criticas todo esto, no merece la pena darle vueltas. ¿Acaso puedo comprometerme a establecer una vida normal con Teresa? No, desde luego, no puedo comprometerme. ¿El hijo? El hijo es otro problema y toda la culpa la tiene la primavera madrileña. Ahora no puedo eliminarlo, pero tampoco quiero formar una familia insoportable con Teresa. ¿No sería eso peor? No puedo sacrificar mi vida por Teresa, y a ti te duele y te extraña. ¡Qué le vamos a hacer!

Tengo muchas ganas de verte. Te aseguro que no ha estado en mí el no hacerlo antes. En Torremolinos nos quedamos sin dinero y vivíamos al día y de fiado. Supongo que el tiempo, poco a poco, irá facilitándome las cosas.

Bueno, andamos ya mediado este «largo y cálido verano». Han sucedido cosas. Supongo que el cincuenta por ciento de la culpa fue mío. El resto es de Teresa y de una determinada estructura social que lleva mil años falsificando la condición humana.

Nada más. No sigo. A todos, mi cariño. A ti, la esperanza de compañía de este joven vagabundo tuyo al que pronto verás.

Nano

V

LA RESPUESTA ESTÁ SONANDO EN EL VIENTO

Todavía nos quedaba mucho camino. Pero no nos importaba: la carretera es la vida.

En el camino,
JACK KEROUAC

Mi hijo pisó Madrid a mediados de septiembre, al término de aquel viaje y de su permiso militar. Ese mismo año, había concluido Románicas, pero todavía le quedaban varios meses para poder guardar en un cajón su uniforme. La disciplina del cuartel le aburría, así que Nano se matriculó en una segunda especialidad de Letras: Lenguas Modernas e Italiano. Solapaba las clases en la Ciudad Universitaria con la mili para cumplir el servicio obligatorio. Nano, por fortuna y picardía, se libró de las tareas más fastidiosas y se ocupó de enseñar a leer y a escribir a los quintos más provincianos. Además, y pese a sus escarceos con la política, mi hijo estaba bien visto en el Ejército. Nano sobornó a su brigada en Mayoría y le regaló dos botellas de vino dulce de Málaga y un jamón para colmar las expectativas al secretario que, sin rechistar, metió la cartilla de Nano entre las de los voluntarios que ya estaban a punto de terminar su ciclo y, días después, los oficiales firmaron su licencia varios meses antes de lo previsto.

Mi hijo, en su última estancia en Carabanchel, se había alejado del partido, al no adherirse a la huelga de hambre convocada para que la prensa extranjera se hiciera eco de ella. Debido a la deserción de muchos de los militantes se había creado un vacío de poder difícil de cubrir. Nano ocupó ese lugar y se convirtió en el líder de la segunda oleada de comunistas: Lourdes Ortiz, Jesús Munárriz, los hermanos Alberto, Juan Antonio y Javier Méndez, Manuel Gutiérrez Aragón y Chicho Sánchez Ferlosio, entre otros. Cuando el partido contó con nuevas incorporaciones, y con agentes de París, mi hijo quedó relegado a un segundo plano. Poco tiempo después, fue descabalgado de la dirección universitaria. Y, como siempre, encontró la rampa de lanzamiento para llevar a cabo la fundación de lo que más tarde se conocería como la FUDE.[1] De un día para otro, Nano convocó en un domicilio de la calle Hortaleza, donde vivían el director de teatro Salvador Salazar y Rafael Sarró, a un representante de la ASU,[2] que resultó ser hermano de Adela, y a un representante del FELIPE.[3] Y allí, tras largas deliberaciones, quedó constituida la Federación, una realidad que corría en paralelo a otra más importante para él: Adela. Nano era ya un hombre casado y padre de un hijo y ninguna mujer deseaba dar rienda suelta al qué dirán. A mediados de octubre de ese año se encerró en una oficina que teníamos en la calle de Preciados para escribir la que fue su primera novela,

1. Federación Universitaria Democrática Española.
2. Agrupación Socialista Universitaria.
3. Frente de Liberación Popular.

Eldorado,[4] y en ella contó lo fraguado en Torremolinos. Sin desfallecer, en dos meses narró aquella historia de recuerdos y de juventud. Carlos Barral rechazó publicarla en su editorial, y mi hijo le dedicó la novela a Adela, se la dio a leer y, por fin, ella se rindió. Juntos construyeron su relación poco a poco y lo prepararon todo para el poderoso salto en el mapa que un año después iban a realizar con esperanza. Pero, antes de esa fecha, en julio de 1961 Nano escuchó por la radio que Hemingway, su maestro, su modelo, se había suicidado. Y mi hijo decidió dedicarle un homenaje, lanzándose otra vez a los caminos y llegando a Pamplona en autostop, para pasar allí los sanfermines y a tiempo de ver el chupinazo. Se fue con Miguel Rubio, su eterno copiloto, como lo había hecho en Torremolinos. En aquellos festejos conoció a Antonio Ordóñez y corrió tres veces el encierro con pañuelo rojo al cuello.

El verano se había echado encima y el de aquel año fue uno de los pocos que mi hijo pasó en Madrid. Lo hizo para acompañar a Adela. La familia de la chica disponía de una casita en Cercedilla que no estaba mal para pasar el veraneo. El padre, la madre, ella y sus tres hermanos mayores también tenían relación con Nano. Los dos enamorados querían pasar tiempo juntos, pero a Nano no le quedó otra más que alquilar, durante el mes de julio, una habitación en el pueblo de Cercedilla.

En la década de los sesenta, los españoles estábamos acostumbrados a una semana laboral de seis días con doble

4. Fue la primera novela de Nano, pero no se publicaría hasta el año 1984. Casi seis años después de su segundo libro.

jornada. De manera que, cuando llegaba el verano, los estudiantes no tenían gran cosa que hacer. A eso de las diez de la mañana, Nano iba a coger sitio en la piscina del pueblo y, como no era conveniente que los padres de Adela descubriesen la presencia de mi hijo en Cercedilla, ella acudía allí todas las mañanas, acompañada por su hermano. Después, a eso de las seis, iban a cualquier guateque con baile, bebidas y cosas para picar. Y, mientras tanto, Paul Anka y su *Oh Carol!* sonaban de fondo, hasta que llegaba el celestino casamentero: Lucho Gatica, el Rey del Bolero. ¡Cuántas parejas se enamoraron bailando al ritmo del cupletista chileno, con algunas de sus inolvidables creaciones! Pero, por encima de todos, estaba Antonio Machín.

El mes de julio terminó y Nano tuvo que regresar a Madrid y salir días después hacia Soria para pasar con nosotros la segunda parte de sus vacaciones. En ese verano, Teresa le denunció por abandono del domicilio conyugal y aportó las decenas y decenas de cartas escritas por mi hijo durante los más de nueve meses de presidio. El caso terminó en la Audiencia y sobre Nano cayó una multa bastante módica.

De Adela a Nano

Cercedilla, 2 de agosto de 1961

Querido:

Te escribo desde el baño, pues si me ven garabateándote una carta, me matan. Pero quiero escribirte; quiero que, aunque sea un desastre de carta, la tengas mañana. Haz tú lo mismo y no seas sadomasoquista.

Ahora que te has ido siento un gran vacío y quisiera que estuvieras aquí. He estado traduciendo toda la mañana, pero ahora me entra la apatía, la depresión y me convenzo a mí misma de lo solitario y aburrido que es este sitio sin ti. Ahora que estoy sola, reflexiono sobre el proyecto que trazamos la semana pasada para irnos por ahí durante quince días. No lo veo razonable por dos motivos:

1.º Necesitas el dinero para pagar el juicio y, a ser posible, empezar a dar el dinero a Teresa y al niño (ya sabes que es un problema que tienes que resolver antes de hacer ninguna otra cosa).

2.º Recuerda que hablamos con mis hermanos y prometimos no irnos juntos por ahí, quiero decir solos, y la opinión que sobre tu conducta tengan ellos, sobre todo teniendo en cuenta que te consideran un irresponsable, es fundamental para el momento de tratar el asunto con mis padres.

Creo que es mejor llevar las cosas con la mayor sinceridad, honradez y generosidad posibles y, además, cuanto antes terminemos con todas las cosas que se oponen, más rápidamente aclararemos nuestra situación. Creo que estoy aprovechándome un poco de que tú no estés aquí para rebatir mis argumentos y terminar convenciéndome con tu lógica aplastante, pero, si lo analizas todo fríamente, reconocerás que es el camino a seguir.

Y como te digo una cosa, te digo la otra. Yo tampoco sé qué es lo que deberíamos hacer. Quizá esperar y esperar sea una tontería, pero también creo que ahora sabemos mucho más de nosotros mismos y, por mi parte, hay muchísima más fe en nuestra historia. Lo que sí que creo es que no podemos pensar solo en nosotros, por lo menos hasta que no se hayan puesto todas las cosas decisivamente en contra. Desde luego, si chocamos contra la intransigencia de todo y de todos, estoy dispuesta a no pensarlo más, pero mientras haya una posibilidad de resolverlo con el menor daño posible para quienes forman parte del juego, creo que deberíamos aprovecharla.

Me consuela escribirte. Siento escribir con tan poca literatura, pero se compensa con la tuya, ¿no crees?

Adela

Y como en un soplo, pasó aquel verano. Madrid, y el resto de España, se dirigía a un nuevo año de la década de los sesenta que se presentaba como la época perfecta para amotinarse contra el recién nacido consumismo. Recién inaugurado el curso del sesenta y uno, mi hijo comenzó a frecuentar el Café Gijón. De camino a él, y por el paseo de Recoletos, era frecuente tropezar con mujeronas dedicadas al estraperlo de tabaco. Y luego, ya dentro en la sala, era fácil toparse con Ana María Matute, Rafael Sánchez Ferlosio, Carmen Martín Gaite, Juan García Hortelano, Francisco Umbral, Camilo José Cela, Gonzalo Torrente Ballester, Claudio Rodríguez, Francisco Brines, César González Ruano, José García Nieto o Carlos Barral.

Por aquellos tiempos, mi hijo también se aficionó a la compra y lectura de *La Codorniz*, que supo convertir la guasa en gusto para estetas como mi hijo, que quemaban los días en un constante trasiego de ideas, de sueños, de trabajo, de voluntades y de rectitud de espíritu. A Nano la España de entonces le venía estrecha. No cabía en sus mangas. En su cabeza bullía la ansiosa necesidad de cruzar fronteras y descubrir mundos.

Por ser uno de los *migliori studenti universitari della Sottosezione di Italiano della Facoltà di Lettere e Filosofia* el Instituto de Estudios Italianos le concedió una beca de un mes para viajar y ampliar su conocimiento del idioma y costumbres itálicas. Así que, pasadas las primeras fiestas de Nochebuena y Navidad, mi hijo salió de Madrid para llegar a Barcelona el 26 de diciembre de 1961.

VI

CAVALLO CHE CORRE NON HA BISOGNO DI SPRONI

En la juventud existe un elemento de eternidad que todo lo disculpa. Ser joven es como ser uno de los dioses inmortales.

HAZLITT

En Barcelona se encontró con viejos amigos y algunos conocidos, como el editor Luis de Caralt y Gonzalo Suárez y su mujer, Hélène Girard.

De Nano a Adela

Barcelona, 26 de diciembre de 1961

Querida:

Mi primer envío. Llegué bastante cansado y con una intranquilidad creciente. Ya sabes cuál es y el mal remedio que tiene. Te quiero mucho. Ahora, cuando no puedo dar marcha atrás, descubro las cosas que no te he dicho y que te pude decir anoche, por las calles, en la estación... Espero que las imagines. El viaje, como ves, no parece peligroso. Puedes estar tranquila. Todavía no le he cogido el ritmo, pero ya llegará eso. Hoy por hoy, te siento demasiado cercana como para sentir otras cosas.

Que todo lo dicho y también lo no pronunciado sea verdad.

Esa misma noche, empezó el verdadero periplo. Nano embarcó en el *Augustus,* un navío imponente; un trasatlántico de película que contaba con piscinas, salas de fiestas, biblioteca, bares, oficinas de turismo y camarotes con toda clase de comodidades. Durante el trayecto, aprovechó para ver una comedia americana de Debbie Reynolds y rematar la noche en la sala de bailes. Pese a sentirse otra vez enamorado, era carne de cañón para el ligoteo, y en sus cartas contaba las cosas que más le habían llamado la atención hasta el momento. Todo le parecía higiénico y reluciente. A él, aquella limpieza le pasmaba. Madrid quedaba atrás, pero en el horizonte se divisaba Génova y, tras el puerto genovés, Roma.

El veintiocho de diciembre mi hijo posó su maleta en la fabulosa *Stazione Termini* de Roma: había llegado a la Ciudad Eterna, y perdió toda la mañana arreglando trámites en el Ministerio de Asuntos Exteriores. Le había cogido el pulso a la ciudad y visitó, por primera vez, el Caffé Greco, lleno de cuadros, espejos y marfiles. El camarero le trajo una taza muy rimbombante, medio llena de café. A la salida, se le abrieron las escaleras de la Plaza de España. Y, más arriba todavía, una de las siete colinas. Tenía que aprovechar el tiempo, así que pagó su primer *biglietto circolare* y se puso a dar vueltas por la ciudad. Le pareció muy vieja y dio, por casualidad y ya entrada la noche, con el barrio del *Trastévere.* Había encontrado alojamiento en el albergue Monte

Mario, en el que, según dijo en una de sus cartas a Adela, «no corría peligro porque no había intercambiado ni una sola palabra con las chicas».

La ciudad le gustó más de lo que esperaba, y esperaba mucho. Le deslumbró el gran urbanismo, la mezcla de estilos arquitectónicos, los inmensos carteles, los cafés y las librerías; el transporte rápido y bueno, la ausencia de pasos de peatones y bastantes más cosas que no podía explicar en sus cartas. Para colmo, aquel país estaba repleto de mítines por las calles –principalmente del Partido Comunista–, que salían a su encuentro, mientras él caminaba hacia el Coliseo, el arco de Constantino, el de Vespasiano o el Foro Romano, ubicado en plena colina del Palatino, de color verde suave, cubierta de pinos, solitaria. En la Fontana de Trevi sintió vergüenza al querer lanzar una moneda, pero, cuando estaba a punto de irse, imaginó que el Dios en lo alto de la fuente se irritaba, así que tiró una peseta para marcharse a los dos segundos, por si alguien lo miraba.

Visitó también la Basílica de Santa María la Mayor, que le dejó frío. En general, el arte cristiano le parecía un absurdo. Pensó lo mismo al caer por la Ciudad del Vaticano, y en cambio, le atrajo mucho más el paseo por la *Via Botteghe Oscura,* en la que encontró la librería Rinascita. También los museos le encandilaron; sobre todo la Capilla Sixtina, aunque la célebre *Escuela de Atenas...*

Apenas recuperado del trance al que los frescos le habían arrojado, alcanzó el punto más hermoso de la ciudad, lo más emocionante de todo lo que había visto y de lo que vería, la cúpula de San Pedro del Vaticano. Al salir de ese éxtasis, dio un paseo por el *Giardino degli Aranci.*

Más tarde, acudió a San Pietro in Montoro y a la Academia de España, situadas en lo alto del Gianicolo, para postrarse ante el templete de Bramante. Desde esa *balconata,* toda Roma quedó a sus pies. Bajó luego por la escalinata hacia el *Fontanone* y la Via Garibaldi, frontera del Trastévere, y tomó un vaso de vino en el bar de la *Piazza di Santa Maria.* También visitó la *Farnesina,* frente al río, que se levantaba sobre los huertos en los que Julio César escondió a Cleopatra y cruzó después el río para ir al *Campo dei Fiori,* donde Giordano Bruno pereció en la hoguera, y a la *Piazza Farnese.* Terminó la jornada asomado a la fosa del *Largo Argentina,* contemplando a los gatos que merodeaban por entre las columnas. Aquella noche llegó rendido a su albergue.

De Nano a Adela

Roma, 29 de diciembre de 1961

Hola, querida:

Hoy estoy más cansado que nunca, pero cumplo con mi deber, aunque se me cierren los ojos. Como verás, no he llamado a nadie y creo que voy a seguir así. Al diablo la correspondencia parental y amistosa. No me gusta el trato con mis semejantes. Contigo, claro está, sí.

¿Es un poco pueril decirte que te quiero? Pasado mañana es Nochevieja, pero creo que no haré nada. El albergue se cierra a la una, aunque tal vez hagan una excepción. ¿Me quieres? Estás tan lejos...

En general, toda la juventud del mundo aquí concentrada participa de la fe en nuestras ideas políticas, lo cual es un consuelo y saludable augurio para empezar el año. Esta mañana, además de otras cosas, visité la Esposizione Universale Romana, un barrio construido por el Duce, muy futurista, donde vive Pasolini, pero que es una especie de ciudad fantasma todavía. Tiene bloques de vidrio y aluminio, lagos artificiales, urbanismo subterráneo, estadios transparentes de la cabeza a los pies... A las doce y media caí por Via Veneto, una especie de Serrano, pero más corta y más vieja, y las calles céntricas para echar un vistazo a la Roma dominguera. Parecida a Madrid, pero con menos gracia. También estuve en Plaza de España con mi abrigo, mi gorro y mi bufanda. Después, un largo paseo por Villa Borghese (la Roma neoclásica, equivalente a nuestro Retiro). Estuve allí mucho tiempo y deseé, más que nunca, tenerte a mi lado.

La mayor parte de sus habitantes no se dan cuenta de su misterio oculto. Hay una verdadera energía, sutil y secreta, y solo después de callejear sin rumbo durante horas, de mirar escaparates, de quedarme boquiabierto ante las ruinas, lo descubrí. Entonces te enamoras de Roma y deseas quedarte en ella para siempre. Al caer el sol, antes de las cinco, me regalé mi sesión diaria de cine: *La donna é sempre donna,* de Jean-Luc Godard. Comedia premiada en el Festival de Berlín y dirigida por uno de los capitostes de la *nouvelle vague.* Luego vino lo malo: soledad, nostalgia y ternura por las calles iluminadas de una ciudad desconocida. Te echaba de menos a ti, y no es una manera de hablar: es la simple verdad. Necesito tus poemas y tu paciencia. Perdona mi canto del gallo, pero ahora ya ha pasado todo. Me compré un racimo de uvas y una frasca de Chianti y vine al albergue, comí, bebí y empecé a escribirte.

Te quiero. Ojalá pase pronto esta noche. Solo me consuela pensar que pronto será otro día y otro año.

PD: Me dicen que sí, que en Nochevieja está abierto el albergue toda la noche. Así que callejearé sin rumbo. Feliz año. Toma las uvas y piensa en mí.

La Nochevieja de aquel año cayó en domingo. Por la última carta que Nano había escrito a Adela, nada hacía presagiar que aquella noche de albergue se abriría un paréntesis de vacío absoluto, a salvo de la temerosa morriña del amor que se había quedado en Madrid. Así que mi hijo se agarró al trasero de una argentina que había llegado ese mismo día. Sensual y cerebral, al diablo de nuevo la fidelidad. Nano entendía que el amor era algo fuera del tiempo. Así que, hasta el día siguiente, Adela no tenía por qué existir.

De Nano a Adela

Roma, 1 de enero de 1962

Buongiorno, amore mio:

Primera carta del año. La escribo sentado en una tumbona del Estadio Olímpico. Hace resol y me esfuerzo en tomarlo porque casi no tiene brío para llegar hasta aquí. Anoche, contra todo pronóstico, me las arreglé para emborracharme. Cené en el albergue *tagliatelle,* pollo con patatas y tomate, naranja, nueces, avellanas, almendras, un dulce, la cuarta parte de una botella de *spumante* (que tiene bien poco de *champagne*) y una de barbera. Todo por cincuenta pesetas. Además, habían adornado el comedor y sonaban buenas canciones (*Bésame mucho,* entre otras). Te quise. A mi alrededor se oían gritos en diez idiomas y se bailaba en otros tantos estilos, pero tranquila, mi fidelidad fue intachable. Solo cambié un par de palabras con una argentina que había llegado con su hermano.

Como ves, te fui escrupulosamente fiel. Te lo juro. San José a mi lado era el Marqués de Sade. Después de las doce salí a dar una vuelta y cogí un autobús y fui visitando tabernas. Estuve por ahí hasta las seis, pero nada más, porque todos mis ahorros se fueron a pique. ¿Te acuerdas cuando te hablaba de lo peligroso que es beber en tierra extraña? Pero, en fin, casi me alegro. No todo va a ser seriedad y planificación. Mañana salgo para Nápoles y Capri. Estaré dos o tres días fuera y volveré para ver alguna cosa que me falta. Después, rumbo al norte. No sabes la nostalgia que tengo de ti. Puedes estar tranquila, lo repito. ¿Y yo? ¿Me quieres? ¿No vas a fiestas? ¿No sales con nadie? ¿Con nadie? ¿No has bailado ni una vez? Este año te querré tanto, por lo menos, como el que acaba de terminar.

De Adela a Nano

Madrid, 3 de enero de 1961

¡Oh, querido!

Me tranquilizó tanto que me dijeras que habías sido escrupulosamente fiel... Parece una tontería, pero el hecho de que me lo digas, de que me lo repitas, me da seguridad y confianza. Desde entonces, me siento mucho mejor, a pesar de que aún queden más de tres semanas para vernos. Veo que lo pasaste muy bien en Nochevieja. Ya me dirás qué estuviste haciendo hasta las seis de la mañana... Dices que escuchaste *Bésame mucho*. Yo hice lo mismo. A la fiesta a la que acudí con Marisé y Rafa Sarró pusieron también *Perfidia, Fascinación, Los niños del Pireo* y no sé cuántas más, que me sumieron en un estado lánguido en el que recordé tantas y tantas cosas como nuestros primeros besos, los paseos por la playa en Torremolinos, tus palabras, las máquinas de discos, los momentos de plena euforia cogidos de la mano, paseando por Madrid y entrando de vez en cuando en un bar... ¡Dios, qué excitación solo de volver a pensarlo!

El día dos estuve en casa de Gloria y quedé con Rafa para ir al teatro. Estaban también Ángel y Silvia y un montón de gente conocida como Marisé, Milagros, Torrente y su novia... La obra, a pesar del entusiasmo de Rafa, no me gustó mucho. Si Rafa leyera esto, me mataría, pues no dejaba de gritar «¡Bravo!» cada vez que se levantaba el telón. A la salida me fui con mi hermana y sus amigas al Chókala.

¡Cuánto te quiero! ¿De verdad me echas mucho de menos? ¿Seguro, segurísimo, que me has sido escrupulosamente fiel? Sí, te creo. Como me lo has dicho espontáneamente sin haberlo preguntado yo, te creo por completo y me da una gran alegría. Releo y releo tus cartas. Al fin y al cabo, son ahora lo único que tengo de ti. Y es tan poco que a veces me da mucha rabia hacerlo. También siento miedo al pensar que, con todo lo que te está gustando Italia, retrases tu viaje. Y yo te necesito aquí.

Hasta pronto, amor querido.

Cuando Nano llegó a Nápoles, el estilo de la nueva ciudad le eclipsó tanto como lo había hecho el de Roma. Anduvo durante horas, recorriendo todos sus recodos, esquivando a los mercaderes y reparando en la abundancia de pobres y cómicas callejeras que cantaban y bailaban en plena vía. En la ciudad también chisporroteaban las confiterías, las tiendas de recuerdos, los escaparates, las *trattorie* y los quioscos de pizzas, mozzarella y quesos de todas las clases, repartidos y expuestos en cualquier esquina.

De Nano a Adela

Nápoles, 4 de enero de 1961

Querida:

¡No sabes lo que me ha pasado nada más llegar a Nápoles! ¡Menuda ciudad de pillastres! En la estación, un bribonzuelo se acercó a mí para ofrecerme un suculento y humeante cordero, cocinado con mucho amor y fuegos lentos en la *trattoria* regentada por una amiga suya. Lo hice hasta el mismo instante previo a mi entrada en el restaurante, donde sentí el agudo pinchazo de la estafa y descubrí que la taberna no era ni más ni menos que un cuadrilátero de cinco metros cuadrados, mísero y maloliente; y que su patrona, una mujer viejísima, se relamía al acariciar la idea de cobrarme, por un trozo de cordero decrépito y un sorbo de Coca Cola caducada, la friolera de mil liras. ¡Menuda cara! Menos mal que salí airoso de allí. ¿Cómo sigues, querida?

Te echo de menos más que nunca.

Nano pernoctó dos noches en aquel albergue, mixto, como el de Roma, sin compañías argentinas, hasta la mañana de su partida a Capri. A las nueve de la mañana, el barco había salido del muelle de Nápoles y aquella isla se abría camino entre acantilados. Nano vislumbró en ella algo misterioso y dedujo que los capriotas no estaban a la altura de Capri, porque Capri le pareció inaccesible, fastuosa, paradisíaca.

«¡Pobre Torremolinos!», decía al comparar ambos lugares. La vida en el lugar que acababa de descubrir le parecía más asequible que la de cualquier otra parte. Capri parecía una ciudad segura que le invitaba a mirar de frente al sol con un vaso de vino en la mano y a sentirse arropado por las ruinas de Tiberio, por el Mediterráneo y por el Golfo de Nápoles y su derivada Amalfi.

Esa noche, mi hijo dio un paseo nocturno por las calles silenciosas rumbo hacia un nuevo albergue y, al día siguiente, salió hacia Anacapri y allí alcanzó a ver la *Villa San Michele.* Después, casi a la hora del almuerzo, compró una botella de *Tiberio* para beberla y regar con ella el medio pollo en lata que se había llevado desde Madrid. A las cuatro, enfiló el camino de vuelta. Quería visitar las ruinas de Pompeya y retomó sus viejos y ensayados modales de autoestopista. A los cinco minutos, se detuvo frente a él un coche con un cura salesiano a bordo. Se dirigía a Salerno y Nano no dudó en ocupar asiento. Allí encontró otra nueva urbe y desde ella saltó a Paestum. En plena euforia viajera, se animó a visitar Amalfi, una especie de Ibiza entre las montañas y el mar, pero más tranquila, con un tesoro en las entrañas de aquella costa: el de la Gruta de la Esmeralda. Fue lo último que vio antes de llegar a Siena, tras un complicado viaje por Asís. En Siena encontró una ciudad tan renacentista como Florencia, con una plaza central sobrecogedora. A eso de las cuatro, compró el *Paese Sera,* repasó el programa que ofrecían los cines y escogió una película. Fue una jornada intensa a la que siguieron las visitas por Pisa y su Campo de los Milagros, por Florencia y su

Duomo, por los Jardines de Bóboli, por el Palacio Pitti, por *David* y Miguel Ángel, por muchos vermús, por una última carta escrita desde Venecia...

Al día siguiente, el treinta de enero, mi hijo cogió un tren en la ciudad de los canales, hizo una breve escala en Milán y regresó a los brazos de su novia. Pero antes, Nano ordenó su equipaje y metió en la maleta la caja de bombones *Baci Perugina* y el mosaico con la *preghiera semplice* de san Francisco que me había comprado en Asís. Después de cerrarla, sentado sobre la estrecha cama del domicilio de su amigo Carlos Romero, profesor en Ca'Foscari, hizo tres cosas sentimentales, estúpidas, infantiles. Una: apurar la jarra de *Valpolichella* que tenía delante; dos: mirar la fotografía de su chica; y tres: poner en el tocadiscos un casete de Nat King Cole.

VII

INCIPIT VITA NOVA

¡Quiero vivir! A Dios voy.
Y a Dios no se va muriendo,
se va al oriente subiendo
por la breve noche de hoy.
De luz y de sombra soy
y quiero darme a las dos.
¡Quiero dejar de mí en pos
robusta y santa semilla
de esto que tengo de arcilla,
de esto que tengo de Dios!

Gabriel y Galán

Nano regresó a Madrid cambiado, ya no era el mismo de antes. Bastó un mes para que mi hijo comprendiese que España no era, como había dicho José Antonio, «una ciudad de destino en lo universal» ni tampoco, desmintiendo a Ortega, «un proyecto sugestivo de vida en común». No sé qué era España para él, solo sé que no le gustaba.

En abril de ese año, los mineros de Asturias provocaron la detonación de un conflicto sindical en las cuencas mineras de la provincia: Langreo, La Felguera, Sama... Los frecuentes despidos, motivados por las protestas ante las penosas condiciones de trabajo, estallaron en una huelga de ancho alcance por las zonas más profundas y rurales del Principado, cuyas repercusiones se extendieron también al resto del país.

La dimensión del cese recordaba al del treinta y cuatro, cuando los trabajadores se echaron a la calle con dinamita en las alforjas. Los estudiantes hicieron lo mismo y con ellos llegó el clásico manifiesto de intelectuales, encabezado nada menos que por Ramón Menéndez Pidal, cuya firma fue obra y arte de Nano.

Desde las primeras jornadas de abril hasta los inicios del mes de junio, la frecuencia cardiaca del régimen subió y bajó sin control a causa de todas esas iniciativas. En paralelo, el nombre de Nano volvió a repicar en las listas de la Policía Política, cuyos ojeadores descubrieron la existencia de la oficina en la calle Preciados, donde mi hijo terminó *Eldorado.* Sin recapitular ni atar más cabo que el de la sospecha, pusieron en marcha un nuevo dispositivo de detención y, en una tarde de mayo, cuatro agentes de la Brigada Político Social se personaron en Lope de Rueda para empapelarlo. Mi hijo, que estaba fuera de casa y que se libró del registro gracias a Adela, entendió, tras una larga espera, la razón del cacheo: buscaban las llaves de la oficina.

Nano llegó a Lope de Rueda cuando iban a dar las diez de la noche, pero no alcanzó a subir al tercer piso porque mi hermana Susana, que vivía en el entresuelo, montó guardia en la mirilla hasta que la sombra de su sobrino se dibujó en el portal. Entonces, le puso al tanto de las novedades y los dos acordaron que, con su casa ocupada por cuatro agentes de la Brigada Político Social, lo más juicioso para él era no aparecer por allí, más aún cuando las llaves ya no estaban en su poder. Astutamente, se había despojado de ellas y se las había ofrecido esa misma tarde a Adela. Desde el salón de su tía, y de espaldas a la calle, telefoneó a Rafael Sarró para pedirle que fuese a casa de Adela, que recogiera allí las llaves y que volviese corriendo a Lope de Rueda para entregármelas a mí.

¿La meta? El número cuarenta y siete de la calle Conde de Peñalver. Allí le esperaban. Tras un breve tamborileo de nudillos, el padre de Adela, Ángel, le alcanzó las llaves y le dio con el portón en las narices. Rafa trotó hasta el portal número veintiuno de Lope de Rueda. Lo encontró abierto, bien iluminado y con varios coches aparcados frente a él. Aparente normalidad, debió de pensar. Por eso, en lugar de darle la gavilla al sereno, subió galopando al tercer piso y llamó al timbre. La nuestra era la segunda puerta de la noche que se abría ante él, pero en esta ocasión, a diferencia de la de Adela, tras ella me encontró a mí y a los cuatro policías de la Brigada Político Social.

—Vengo a traer estas llaves.

En mitad de la entrega, un inspector de la Brigada le dijo a Rafa:

—¿Vienes a traer estas llaves, pardillo? Camina delante de mí y baja las escaleras.

Desde el balcón, vi cómo lo subían a uno de los coches que él había visto aparcados. Surcó las calles de un Madrid nocturno para llegar al pisito de Preciados que, además de refugio para Nano, había sido el despacho en el que yo abrí, sin éxito, una gestoría en los primeros años de la posguerra. A aquella época pertenecía todo lo que encontraron esa noche: dos estancias amuebladas con aparejos profesionales heredados de mi primer marido, estanterías, flexos, recuerdos de periodistas, archivadores... Y al fin y al cabo, ¿tanto todo, para nada? Perplejos, decidieron interrogar a Rafa. La primera y única pregunta fue concluyente.

—Díganos cuál es la ideología de su amigo.

—Conservadora —respondió.

El policía zanjó la conversación y dejó marchar a Rafa mientras le gritaba:

—Si ese mamón es conservador, yo soy cura.

Eran otros tiempos de gloria. Las protestas y las manifestaciones brotaban como las amapolas en el campo. Por eso, cuando Nano libraba un registro, no quedaban días de asueto entre el que había pasado y el que estaba por llegar. Esa realidad se confirmó en las jornadas que siguieron al incidente de las llaves, más o menos en la fecha en que se puso término a la huelga minera. En esos días, se produjo un lance disparatado en la vida de mi hijo que pasó a ocupar un lugar de honor en sus recuerdos. Sucedió en el mes de junio, en la época de exámenes finales. Por las mañanas, organizaba las etapas de estudio al caer el sol y con una dextroanfetamina. Llegó a memorizar, en una única noche, un libro completo de historia de la literatura italiana gracias a esas pildoritas mágicas, famosas entre todos los estudiantes, fáciles de conseguir en cualquier botica y conocidas como la «droga española». Como solía suceder en aquella época, Nano se había empapuzado una cantidad inverosímil de apuntes y, a las ocho de la mañana, pasado el efecto de la pastilla, dormía como un retoño. Fue esa la hora en la que María, una criada de origen soriano que trabajaba interna en casa, lo zarandeó y lo despertó como pudo.

—¡Nano, Nano! ¡La Policía!

Y Nano, adormilado, no alcanzó a comprender el mensaje con claridad, pero sí a tomar conciencia de que algo grave estaba sucediendo. Así que saltó de la cama, y, sin vestirse, recorrió un tramo corto del pasillo, hasta que logró meterse en el comedor. Allí, en una de sus amplias esquinas, había un enorme butacón orejero que Guillermo solía frecuentar a la hora de la siesta. Mi hijo dio un brinco y se ocultó tras él, mientras escuchaba, de fondo, pasos y voces.

—¡María! ¡Dime qué pasa! ¡Me estoy haciendo pis!

—¡Cállate! Hay dos policías en el salón. Preguntan por ti. Les he dicho que iba a despertarte. Voy a entretenerlos. Aprovecha, date prisa y lárgate por la escalera interior. ¡No hagas ruido!

Nano sopesó la posibilidad de entrar al cuarto de baño, pero la descartó inmediatamente. De manera que llegó de puntillas a la cocina, abrió la puerta que daba a la escalera de servicio y subió al cuarto nivel, donde vivían el abuelo Roger, mi padre, y Matilde, mi madrastra, su esposa en segundas nupcias.

Allí, plantado en ropa interior, llamó al timbre con impaciencia. Nadie abría. Mi hijo, al no percibir señales de vida, maldijo su existencia y la absurda fe católica. Su abuelo y Matilde acudían todos los días a esa hora a recibir la bendición en la parroquia del barrio. Tardarían en volver y urgía hacer algo, así que el único asidero posible era la casa de la tía Susana. Eso entrañaba un riesgo elevado: para llegar hasta allí, había que descender por toda la escalera. Saltó los peldaños de dos en dos hasta alcanzar la puerta de su tía, que le abrió con urgencia y sofocando un grito. Susana le sirvió un desayuno rápido y, con la ayuda de las criadas, subió al tercero para recoger un pantalón, una camisa y unos calcetines.

—Ni se te ocurra entrar al salón. La policía monta guardia en la calle y podrían verte desde fuera. Tu madre bajará ahora —le dijo antes de salir.

Nano aguardó paciente, viendo pasar a los agentes por la mirilla y burlándose en silencio. La policía tampoco tuvo la astucia de revisar las posibles salidas del inmueble ni de descubrir que se comunicaba con otro bloque gemelo que daba a la calle de O'Donnell. Fue esa la trayectoria que, auspiciada por mí, tuvo la fuga de Nano. Yo, de vez en cuando, bajaba a casa de mi hermana y daba al prófugo noticias, besos y ánimos hasta que, a las cuatro en punto de la tarde, activé la huida. Aparqué nuestro coche, un Seat 850, frente al portal de O'Donnell con el motor encendido, y recogí a mi hijo. Los de la Social no vieron nada.

Nano se escondió en la casa de su prima Cuca, que lo era por parte de padre y que vivía con su marido y su familia en el barrio de Ventas. Mi hijo pasó con ellos la tarde, la noche y casi todo el día siguiente, hasta que Modestito el Adúltero le ofreció cobijo en su oficina. Modestito, que era todo corazón, llevó aquella noche su compañía, un pollo asado y unas cuantas cervezas para acompañar y conversar con Nano.

Las terceras en la lista de hospedaje fueron mis primas Emilia y Magüís, dos mujeres solteras que abrieron las puertas de su piso, muy próximo a Lope de Rueda, en la calle Duque de Sesto, para acoger a Nano durante una noche en la que yo, gracias a la cercanía que nos separaba, aproveché para llevarle mudas y libros.

Todo aquello fue la demostración perfecta de que nuestras familias, la mía y la de su padre, que contaban con rojos y azules, eran, para lo bueno y para lo malo, precisamente eso: una familia. En aquella España todavía importaba más la sangre que las ideas.

La cuarta etapa de evasión cayó en lunes. Mi hijo, con todas las asignaturas aprobadas menos una, tenía ese día el último examen de Historia de la Literatura Italiana. Estaba a un paso de culminar su segunda licenciatura, pero el destino había querido que la prueba tuviera que hacerse en una jornada en la que Nano no podía acudir al aula, por el peligro de ser descubierto. Ante ese brete, no quedó otra opción: localicé al profesor y le expuse las dificultades. Era un catedrático italiano, buena persona y moderadamente antifranquista, que accedió a entrar en nuestra rueda de apoyo para examinar a Nano, burlando todas las normas académicas, en una cafetería de la calle Ríos Rosas. Y yo, que en cierto modo también me estaba examinando, logré una buena nota al encontrar otra residencia, completamente segura, para mi hijo. Conseguí un piso bien puesto frente al Bernabéu, ocupado por un matrimonio francés que debía un gran favor a mi segundo marido. Allí, en casa de Toni Andreani y su esposa, Nano pasó varios días en los que se dedicó a cometer locuras de amor, como la de encontrarse con Adela en las últimas filas de determinados cines, hasta que tuvo que cambiar de refugio para instalarse en El Plantío, en la casa de un profesor del Liceo Francés, de origen judío, llamado Dreyfus, que había luchado en la resistencia. Nano permaneció en esa casa quince días, hasta que la alarma policial cesó y pude ir a recogerlo, cargada de buenas noticias.

—Los de la Social han estado en casa y juran que ya puedes volver tranquilo a ella.

—No seas ingenua, mamá. Eso huele a trampa desde lejos.

—No es una trampa.

—¿Por qué lo sabes?

—Por esto. Mira lo que me han traído...

En ese instante, abrí el broche de mi bolso y saqué de él un librito de tapas color verde oscuro que agité en el aire. Era un pasaporte: una invitación para que Nano se marchase de España. Y así fue. Además, fruto de su licenciatura en italiano, mi hijo había conseguido uno de los premios más ricos que esa carrera ofrecía a los alumnos de buenas notas, expedientes respetables y primera promoción. Eran las llamadas Becas de Lectorado: contratas que ofrecían el derecho a los recién licenciados a ocupar una plaza de profesor de español en institutos de Italia. Nano, con mayor puntuación que el resto de los alumnos, pudo elegir destino y optó por Roma, donde le concedieron un cargo al que debía incorporarse a mediados de noviembre y donde podría vivir en compañía de su novia.

En julio, Adela volvió a Cercedilla, como había ocurrido el año anterior. Y mi hijo, que prefirió quedarse un verano más en Madrid, iba de vez en cuando a la sierra para encontrarse con ella. Se quedaba allí tres, cuatro o cinco días, siempre en la misma y ya conocida pensión, y luego volvía a Madrid, revoltoso. Las cosas marchaban bien: tenía novia, libertad y un viaje con trabajo incluido a la vuelta de la esquina. Era todo tan perfecto, y tan acorde a sus gustos, como para temer que no fuese cierto. Algo tenía que pasar, y pasó. En pleno mes de agosto, los funcionarios del Ministerio de Educación Italiano descubrieron que Nano contaba con suficientes antecedentes políticos y carcelarios como para que las autoridades administrativas le vetaran como profesor de Lengua y Literatura Españolas. De la noche a la mañana le arrebataron el puesto y, con él, todas sus esperanzas de felicidad. También las de Adela.

De Adela a Nano

Cercedilla, 24 de agosto de 1962

Querido Nano:

¿Y ahora qué? Te has quedado sin trabajo y te pido por favor que no pienses en que siempre hay manera de ganar dinero. Eso no significa nada para un burgués. Y tú y yo, de alguna manera, lo somos. Este quiere lo positivo, lo seguro, lo que no le plantea problemas ni inquietudes. Cumple un deber. Y no me digas que no crees en la palabra *deber,* convenciéndote de que toda la razón está de tu parte porque la sociedad no debería ser así. Tenemos que pensar rápido y conseguir otras salidas. No quiero pasar ni un día más con mis padres.

Te quiero, pero te querré más cuando todo se arregle.

Adela

Con aquel revés, mi hijo se vio envuelto en una situación muy abrumadora. Tenía ya veinticinco años, una mujer y un hijo, la mili hecha, dos carreras terminadas con matrícula y una tesis doctoral –dirigida por Rafael Lapesa y centrada en el análisis del lenguaje, estructura y estilo de la obra de Borges– ya aprobada. Sus únicos ingresos provenían de las traducciones que hacía para Luis de Caralt, y no eran gran cosa. Para colmo, durante aquel verano, mi hijo y Adela habían sufrido una leve, pero importante, crisis sentimental. Nano se sentía tan sofocado por las normas y las servidumbres del noviazgo que dejó de ocultar esos pesares a Adela, y ella convino con mi hijo que lo mejor para ambos era echar el freno. La única salida que quedaba para salvar el noviazgo era la de dejar de quererse a salto de mata y pasar al nivel de la plena convivencia. Pero con la plaza de lector denegada, aquello era imposible hasta que Nano encontrase un trabajo estable y acorde con sus necesidades. España no cabía entre las opciones. Para Nano, era un emporio de aburrimiento y restricciones, así que se fue a París solo, con la intención de recabar la ayuda que todas sus amistades, contraídas al hilo de la clandestinidad política e instaladas en Francia, pudieran brindarle para encontrar trabajo y trasladarse allí con Adela en el menor tiempo posible.

Su llegada coincidió con la inauguración del Salón Internacional del Automóvil, que había abarrotado los hoteles de lujo, de clase media, pensiones y hostales de mala muerte. Cargado con su maleta, mi hijo recorrió las grandes avenidas y las callejas más oscuras para buscar el techo que no iba a encontrar. Resignado a ello, se deslizó por el dédalo de las vías y por Pigalle, donde entró en todos y cada uno de sus locales prohibidos. Aprovechó el momento para hacerse con un ejemplar de la mítica revista *París Hollywood*, cuyas páginas albergaban un contenido erótico tan descarado y salvaje como imposible de encontrar en España. A eso de las diez, entró en un bar rebosante de público masculino. Eran, en su mayoría, negros, argelinos y marroquíes. Nano se acodó al final de la barra y se entretuvo en el ejercicio de discurrir cómo podría ser su vida en la Francia de ese año, cuando la tensión política crepitaba en todas las esquinas y la mayoría de las fachadas funcionaban como dazibao de insultos al general De Gaulle. *Non au fou,*[1] decían. En esas cavilaciones andaba mi hijo, cuando un grupo de gendarmes irrumpió en el bar para desencadenar un registro indiscriminado y detener a todo el que no llevase en el bolsillo una documentación en regla. Solo Nano y el barman se libraron. Nano salió de aquel café dando tumbos, sin saber quién era ni qué hacía. Logró sentarse en el bordillo exterior de un café situado frente al metro de Pigalle y verbalizar su deseo de comer un cruasán. Después, se quedó dormido contra la pared. Esa fue su primera noche en París.

Su estancia se prolongó dos semanas, y logró apalabrar, con varias editoriales, un número notable de traducciones bien pagadas para hacer desde España, a donde volvió cargado de libros, atiborrado de discos, repleto de ejemplares

1. 'Paremos al loco'.

de la revista sicalíptica y rebosante de muchos, muchísimos sueños e ilusiones. Pero la mayor de todas le estaba esperando en Madrid. Durante su ausencia, los italianos, a través del Ministerio Español de Asuntos Exteriores, habían solicitado un sustituto en la Dirección General de Relaciones Culturales, y Nano era el candidato que aquellos funcionarios del régimen franquista, ante el estupor de los italianos, propusieron. No podría ocupar la plaza de Roma porque ya la habían asignado, pero quedaba libre la oferta de Padua, que era, por fin y para escarnio de quienes le habían negado la primera, toda suya. Quedaba menos de un mes para organizar un traslado completo, y yo me apresuré a comprar lo necesario... Todo un ajuar. El mismo que no pude regalarle en su primera boda.

Los primeros días Nano pernoctó en la Casa del Pellegrino, en una habitación muy amplia, de techos abovedados y silenciosa. Y, como había hecho esa primera incursión sin chica, dedicó tiempo y esfuerzo a establecer lazos con la ciudad que le iba a acoger durante un año. Sobre todo, a buscar una casa para compartir con Adela: un techo suyo y único, y no tardó mucho en encontrar lo que buscaba. Apenas cumplida la primera semana de estancia, una tarde se dio de bruces con un chaletito de la Via Guizza, muy al estilo del de Torremolinos, en el que se alquilaba una habitación. Lo único que ensombrecía la futura residencia eran sus arrendadoras, dos sargentas marciales y censoras de todo lo que quedaba fuera del recogimiento y fervor católicos. El precio de una estancia con calefacción y lavado incluido ya superaba las catorce mil liras mensuales. Así que Nano alquiló la habitación y, en el momento del acuerdo, explicó que pasadas las Navidades se instalaría allí con él su legítima esposa. No hubo peros, así que, una vez conseguido lo más difícil, Nano comenzó a trabar relaciones amistosas y laborales con otros hispanistas. Se había estrenado ya como profesor de español en el Instituto Técnico-Comercial P.C. Calvi, y aprovechaba los ratos libres para ir al cine, visitar Venecia y matar el tedio de una vida en Padua que no tardó en volverse rutinaria. Mi hijo pasaba gran parte del día enclaustrado en su habitación, leyendo y traduciendo las novelas del inspector Maigret. Solía almorzar en la *Mensa dello studente,* el comedor de las facultades, que ofrecía, por doscientas sesenta liras, menú con pan, fruta y vino o en el de la *Camera Nazionale del Lavoro*, un antro comunista abierto al público. Luego exprimía al máximo el atractivo diurno de la ciudad, que se limitaba a la contemplación de los frescos de Giotto en la Capilla Scrovegni, al antiguo Café Pedrocchi, en el que estuvo Stendhal, a sus veintiún cines y un teatro y a la inmensidad de la Piazza del Campo, que presumía de ser la más grande del mundo. Por lo demás, Padua era un lugar impersonal, aunque bastante mayor de lo previsto, muy conservador y carente por completo de frivolidades.

Quizá por eso el tiempo pasó tan rápido. En un abrir y cerrar de ojos, Nano volvió a Madrid. A decir verdad, las Pascuas eran pamplinas para mi hijo. La verdadera razón de su viaje a España no éramos nosotros, sino Adela, con la que estaba dispuesto a recurrir a lo que fuera con tal de frenar la embestida de sus padres que, al enterarse de las intenciones de su marcha, le habían requisado el pasaporte y lo habían entregado a la Policía para bloquearle cualquier salida del país. La ley les amparaba. Adela tenía ya veintiún años, pero, por aquel entonces, aún era menor de edad. Y, además, las chicas solteras como ella no podían librarse del control familiar hasta cumplir los veinticuatro. Así que Nano, dispuesto a salirse con la suya, quiso plantar cara, junto con Adela, al cerrilismo, y para ello urgía hacerse con un pasaporte falso, que consiguieron gracias a la ayuda y apoyo de una *troupe* de amigos: Miguel Rubio, Gonzalo Suárez, Rafael Sarró, Ángel Asensio, Isaac Montero, Esther Benítez, Marisé y Gonzalo Torrente Malvido... Fue este último, Gonga, el hijo de Torrente Ballester, quien condujo a la pareja hasta una oscura gestoría de la calle Sainz de Baranda, donde falsificaron el pasaporte tomando como réplica el de Silvia, la hermana de Gonzalo Suárez, y rellenando el hueco de la fotografía con una instantánea de Adela sacada minutos antes en el fotomatón más cercano. Había quedado impecable y la operación salió a pedir de boca, pero quedaba lo peor: la despedida y la fuga. Pese a la obstinada negativa de los padres, y a su empeño en no devolver el pasaporte, Nano quiso probar suerte con un segundo intento.

Pero no sirvió de nada.

Tres días antes de que terminase 1962, Nano, dispuesto a guerrear lo que hiciera falta, convenció a Adela de que, para ganar la última partida, había que irse ya de su casa. De ese modo, el 29 de diciembre, Adela salió de su portal a las doce en punto y esperó a Nano, que llegó a bordo de un taxi para recogerla y llevarla a la casa de Gonga, recién casado con una francesa y dispuesto a darle cobijo el tiempo que hiciera falta. Así pues, con Adela libre, Nano desencadenó las últimas negociaciones con su suegro. Se citaron el mismo día de Nochevieja, a las siete de la tarde en el Chókala. En el encuentro, Nano jugó de farol. Se inventó que ya no era posible frenar la huida porque había entrado en juego la clandestinidad del PC y sus salvoconductos fronterizos. En el largo forcejeo que se produjo entre ambos, todos los esfuerzos de mi hijo se estrellaron contra el inamovible argumentario de Ángel. Fueron, al final, los hermanos de Adela quienes intercedieron para lograr que su padre se aviniera a verla al día siguiente para darle, con un poco de suerte, la bendición a su partida.

A las siete en punto, Nano llegó con Adela a la cita en el Chókala. La dejó con su padre y tomó asiento dos o tres mesas más allá. Un dramón entre una hija que no iba a abandonar su propósito de fugarse y un padre que, al cabo de una hora de conversación, se levantó, besó a la que había sido su pequeña, la abrazó entre lágrimas y la dejó marchar sin pasaporte, arrojándola al abismo de salir del país con una documentación falsa.

Nano la consoló como pudo y la facturó, horas después, en un tren con destino a Barcelona. Se reunieron en la Ciudad Condal a la mañana siguiente y se abrazaron a la hospitalidad de Gonzalo Suárez y de su mujer Hélène, que ya llevaban un tiempo instalados allí, hasta que, en la tarde del día cinco de enero, Adela y Nano cogieron un tren en la estación de Barcelona con destino a Portbou. Los dos tenían ganas de salir, de llenar sus vidas hasta el final. Cuando el mecanismo de tracción se puso en marcha, Nano pegó sus ojos a la ventanilla y vio a lo lejos a muchos amigos que agitaban las manos de la despedida.

VIII

NO HAY DOS SIN TRES

Amor divinizado que se acerca,
amor divinizado que se va.

Farewell,
Pablo Neruda

Nadie puede actuar con arrojo sin haber sentido antes el fervor de la angustia. Esa reflexión alcanzó a Adela y a Nano en Portbou. Al escuchar el silbido de la locomotora, cerraron los ojos y entrelazaron sus dedos. Cuando despegaron los párpados, ya habían salido de España. Todo había terminado y todo estaba dispuesto para empezar.

Pasaron por toda la Costa Azul, el Piamonte, la Lombardía y el Véneto hasta llegar a Padua, y así comenzó una larga y divertida etapa. Allí, en Padua, establecieron un sistema de vida tan elemental como desordenado. No tenían mucho dinero. Debían apañarse los dos con el importe de la beca de Nano, que no superaba las setenta mil liras al mes. Por las mañanas, prescindían del desayuno y aprovechaban las horas para leer y adelantar la primera traducción al español que les habían encargado –la del libro *Cuatro mujeres,* de Sigrid Undset–,[1] hasta que llegaba la

1. El libro, que aún hoy puede adquirirse en librerías de viejo, es la única herencia de aquellos años.

hora del almuerzo y recorrían a pie el extenso tramo que separaba su casa de las facultades, y en sus comedores devoraban el menú que la *Mensa Universitaria* ofrecía a los alumnos y al personal docente. Durante las tardes, solían refugiarse en cualquier cine de programa doble y, a menudo, remataban la jornada cenando leche con pasteles en una confitería próxima a su casa. Eran ricos, más que nadie. Ya tenían cuanto necesitaban: un amor para quererse como solo se quieren ciertas cosas en la vida.

En los ratos libres de mi hijo, hacían escapadas a Venecia para visitar a Carlos Romero, viejo amigo de Nano, que trabajaba allí como profesor, junto a Pilar Allué, su mujer. Pasaban con ellos dos o tres días; los necesarios para desempolvarse y volver a Padua, donde la vida terminó por ser excesivamente monótona hasta que Nano introdujo en ella algunas modificaciones.

A finales del mes de marzo, Nano consiguió dos trabajos extra como profesor. El primero, en el Instituto Dante Alighieri, un centro privado pero semioficial donde pagaban bastante bien: el equivalente a cien pesetas por hora. El segundo, que logró gracias a la mediación de un catedrático de la universidad, consistía en impartir dos horas de clase particular a la semana. Solo dos, pero pagadas a precio de oro. De manera que, con el bolsillo algo más repleto, trabaron amistades, mantuvieron reuniones, prepararon fiestas y cenas... Y visitaron el lago de Garda y, de paso, Vicenza y Verona.

Nano volvía a ser imbatible. Hacía cosas a todas horas y así lo narraba en las cartas que recibíamos. Mi hijo había cogido ritmo, y no estaba dispuesto a frenar el porvenir de aquellos días. Tampoco lo hizo en los meses sucesivos, cuando dobló la esquina más peligrosa de su relación con Adela. La concatenación de perniciosos elementos empezó a fraguarse en el mes de abril, cuando Adela y Nano decidieron ir a Roma a pasar las vacaciones. No podían invertir mucho dinero ni en el transporte ni en el alojamiento, así que optaron por hacer dedo en la carretera y ocupar el minúsculo semisótano donde vivía Ángel Sánchez-Gijón, al que conocían por terceros, y que poco antes se había trasladado de su cuartel general desde Valencia a Roma por causas políticas. Adela y Nano llegaron de noche a un extremo del barrio de Monteverde Nuovo y dejaron su equipaje frente al número veintitrés de Via Canobi. No era una zona demasiado bonita, pero la sombra ornamental del *palazzetto* la embellecía. Dispuestos a repartir a medias con Ángel la única habitación existente, llamaron a la puerta. Tras ella, apareció una mujer con pelo grisáceo y aspecto regio que se presentó como Angela Barilli y explicó que el edificio al que iban a entrar era casi de su exclusiva propiedad. Adela y Nano no mostraron gran asombro por los dominios de la italiana. Esta miró a mi hijo y, *stordita,*[2] masculló unas palabras que los recién llegados no alcanzaron a descifrar. Los condujo de forma educada a la garita de Ángel y subió trotando a la tercera planta, donde vivían también su marido y sus dos hijas, Carlota y Caterina.

Esa misma noche, la hija menor tuvo que interrumpir

2. Aturdida.

su cometido cuando Angela entró en su cuarto, anunciando que acaba de llegar *uno spagnolo bellissimo* al que debía conocer de inmediato. La chica era Caterina. El nuevo *ragazzo* era mi hijo. A la mañana siguiente, la hija de Angela salió de Via Canobi cuando Adela y Nano todavía remoloneaban. No hubo saludo cortés ni amago de coincidencia entre Caterina y mi hijo, que encontró en aquellos días otra de sus relaciones más determinantes: la amistad que selló con Ángel Sánchez-Gijón. Los dos, en compañía de Adela, tragaron considerables dosis de alcohol: tres cuartos de vino *dei Castelli,* dos litros y medio de Brolio, cinco vasos de tinto bastardo y un *finis coronat opus de grappa.* Juntos corretearon por todas las calles de Roma durante aquella Semana Santa y descubrieron los encantos de Monteverde Nuovo, como el quiosco de prensa regentado por un *compagno* comunista o las *trattorie* en las que pronto iban a comer *spaghetti al burro* durante una de las etapas más memorables para mi hijo. Ángel también les presentó a algunos amigos: el escritor Alberto Lecco, el periodista y dramaturgo Corrado Augias y otros tantos que, junto a mi hijo, echaron mano del ingenio para fundar un colectivo de agitación antifranquista con el que poder recabar fondos de las arcas italianas de izquierda y prorratearlos luego entre los círculos españoles de oposición al régimen. La cofradía se llamó Alianza Democrática Popular Española (ADPE), y Nano no soportó la nueva arremetida de la clandestinidad ni de la subversión y regresó a Padua, al término de sus vacaciones, convertido en miembro oficial de la organización.

Quiso el azar que aquel nombramiento no fuese en

vano. El 21 de abril de 1963, en el ecuador de uno de mis paseos matutinos, me detuve ante el expositor del quiosco de prensa instalado cerca de nuestra casa, en la esquina de O'Donnell. Alcancé la revista que buscaba y vi, tras ella, la primera edición del periódico *Pueblo*. En su portada, leí unas líneas: «Hay quien no puede dormir entre los grillos y los gatos. Se pasaron la noche haciendo Gri y Mau».

La tarde anterior habían fusilado a Julián Grimau, dirigente comunista detenido y torturado meses antes, acusado de haber cometido crímenes en la retaguardia durante la guerra. La misma mañana de mi hallazgo en el titular de *Pueblo,* Nano viajó otra vez a Roma sin Adela, convocado de urgencia en las reuniones y mítines que el resto de los compañeros habían organizado para canalizar el fuerte empujón que el asesinato de Grimau había brindado al antifranquismo. Nano salió de Padua tras haber sufrido, la noche anterior, las represalias de las dos dueñas y sargentas del chalé donde vivía con Adela. Estas, al descubrir que mi hijo y su novia no eran un sólido matrimonio, les conminaron a abandonar el cuarto en un máximo de dos horas. Al cabo de ese tiempo, les pusieron de patitas en la calle. Milagrosamente, y gracias a un amigo de la universidad, consiguieron otro refugio esa misma noche. El nuevo domicilio, que en conjunto era bastante precario, no contaba con agua caliente. Su cocina, con una instalación de luz y gas poco fiable, funcionaba regular y su localización, al borde del núcleo urbano y en medio de una carretera por la que circulaban camiones de carga a todas horas, no facilitaba el descanso. Pero, pese a todo, habían conseguido ya algo parecido a un hogar. Desde él y con un permiso de varios días en sus trabajos, Nano partió hacia Roma. Llegó a ella a la misma hora en que comenzaba, en el *palazzetto* de los Barilli, una fiesta organizada por Angela y a la que los tres españoles que pululaban por allí –Nano, Ángel Sánchez-Gijón y Ángel Chiclana, miembro como ellos de la ADPE– estaban invitados.

Nano, entre aquel público compuesto en su mayoría por mujeres, como la madre de Bernardo Bertolucci o la sobrina de Pier Paolo Pasolini, fue saltando de rama en rama hasta que, en una esquina de la sala, apareció una mujer que le deslumbró. Era Caterina. Al principio, solo se miraron, se analizaron, se sonrieron, se acercaron el uno al otro, y después... Caterina le invitó a refugiarse en su habitación. Se sentaron al borde de la cama, separados por un espacio casto que ella pronto cubrió con un libro de Mafalda. Leyeron varias de sus tiras, compartieron alegría y complicidad con ellas.

Mi hijo, ya sin capacidad de reacción, replegó sus velas para acudir al día siguiente a una intensa sesión de debates en la que puso orden en sus labores de la Alianza. Volvió muy tarde al piso de Ángel Sánchez-Gijón, exaltado y repleto de ideas revolucionarias para cambiar el mundo. Allí, en los dominios de Ángel se estaba celebrando otra fiesta. La casa era el escenario perfecto para rematar la jornada; para encontrar, con un poco de suerte, a Caterina. Nano agarró a la chica por la mano y la condujo hasta la cocina. En esa estancia, se escucharon y se pensaron durante un tiempo que quedó suspendido en el espacio. Tuvieron una noche apasionada, y mi hijo no pudo dejar de pensar en la joven italiana, porque pensar en Caterina ya era pensar en él mismo. En aquella velada, Caterina le empujó a evadirse de la realidad por el camino del sueño.

En esos días, las labores de la ADPE se habían visto apoyadas por asociaciones como Amnistía Internacional, que, respaldada por el empuje de los grupos contrarios al régimen de Franco, había orquestado en París un acto internacional, denominado Conferencia de la Europa Occidental Pro-Amnistía de los Presos Políticos Españoles, al que estaba previsto que acudiesen comunistas, socialistas, anarquistas y toda la flor y nata de la izquierda. Desde Roma, pensaron que no podría haber mejor rampa de lanzamiento para la Alianza que esa, y convinieron que la persona más indicada para bordar la misión era Nano, que, sin pensarlo, cogió el tren directo a París, donde dedicó todo su tiempo y su ímpetu a la conspiración. Acudió a las reuniones, selló contactos, se reencontró con amigos y se entrevistó con personalidades que le fueron presentadas en aquel momento, como Dionisio Ridruejo, Julio Álvarez del Vayo, Vicente Girbau, representantes del separatismo canario, Jorge Semprún –que acababa de obtener el premio Formentor–, Antonio López Campillo, Javier Flores y otros más de distinta notificación política, a los que dio a conocer las ideas y el espíritu de la ADPE. Al cabo de una semana de trabajo diplomático, a punto de volver grupas hacia Padua, recibió por carta el nombramiento, firmado por la Union Nationale des Étudiants de France (UNEF) y remitido por Jorge Borja, representante de la FUDE en París y allí exiliado, que lo acreditaba como representante de esa agrupación en Italia. Con el cargo aceptado, mi hijo tomó un tren de vuelta y, cuando salió de la estación, se detuvo para coger fuerzas antes de volver a ver a Adela.

—¡Adela, amor mío! ¡Ya estoy en casa! —gritó Nano al entrar.

Ella, que le esperaba en su cuarto, llorando a moco tendido y terminando de llenar una maleta, anunció:

—Mañana me marcho a Abano Terme. He conseguido allí un trabajo de camarera.

—¿Te has vuelto loca? —replicó Nano.

—No estoy loca —dijo Adela—. Estoy rota. Echa un vistazo a lo que hay encima de la mesa —añadió.

Y lo que había era un par de sobres de color terroso, enviados desde Via Canobi con remite de Caterina. Dentro de ellos, aguardaban a Nano dos cartas arrebatadas. Llegaron antes del regreso de mi hijo a Padua. Adela las recibió perpleja y las leyó. Nano vaciló en su respuesta. Echó mano de todas las excusas peregrinas que se le iban ocurriendo. Le dijo que todo eran fantasmagorías de aquella chica de Roma, que solo habían tenido un cruce de palabras y un arrebato de besos inconscientes en la *Stazione Termini*. Adela, que había hipotecado sus relaciones familiares por seguir al amor de su vida, perdió en aquella noche toda la alegría de vivir.

Aquella noche, Nano, solo pudo desenfundar máquina su Hermes Baby y escribir una carta a Caterina para ordenar sus sentimientos.

De Nano a Caterina

Padua, 6 de mayo de 1963

Caterina:

Son las diez de la noche. Te escribo, en español, mi primera carta reflexiva, consciente. Querría hacerlo en italiano, pero me es imposible. Caterina, al pensar en ti lo hago siempre en español.

Son las diez de la noche y te escribo, en español, desde una habitación casi sin muebles. En este momento, me llama Ángel desde Roma. He hablado con él y he sentido tu proximidad en el piso de arriba y unas ganas terribles de preguntar por ti. Y no lo he hecho, qué sé yo, por timidez.

Te dije que me escribieras a Fermo Posta por dos razones. En primer lugar, acababa de mudarme a este apartamento y no estaba seguro de que las cartas llegaran bien. En segundo, no quería que Adela se enterara. Esto te extrañará, porque no la conoces. Adela es una mujer inteligente en todo, menos en el amor. Adela padece, como yo en otro tiempo padecí, una contradicción interna entre su ser general y su ser para el amor. No comprende ciertas cosas, no reflexiona sobre ellas, se niega a incluirlas en el cuadro general de sus ideas, y esto la destroza, y me destroza, y acabará por destrozar nuestra relación. Si Adela se enteraba de este encuentro, de este choque nuestro que tenía todos los visos de ser una fugaz y vulgar aventura nocturna, yo sabía que no lo encajaría.

¿Qué iba a hacer entonces? ¿Comportarme según la moral burguesa? A mí me gusta la verdad, como a todo el mundo, pero no hasta el punto de preferirla a la justicia.

De nuevo, hablo y hablo. Tengo, tenía al principio, tantas cosas que decirte... Quiero compartirte, vivir contigo. Porque pareces llevar en ti la posibilidad de algo muy importante. Quiero contigo, de querer algo, una relación/consecuencia y no relación/causa. Más sencillo: conocerte para tratar de establecer esa relación, no establecerla para conocerte. ¡Todo esto es tan complicado, dicho así! Me da miedo ser oscuro. Tengo que hablar contigo pronto; cuanto antes, mejor.

Vuelvo atrás. No quería que Adela se enterara, porque eso habría sido hacerle un daño gratuito y habría puesto en trance de total ruptura algo que es ya a cambio de algo que puede ser. No, no me parecía justo y sigue sin parecérmelo. Pero ahora ya no tiene remedio. Se ha enterado y se va.

El vaso se ha desbordado. No solo pecador, sino que, encima, desprovisto de arrepentimiento. Siento la historia, los daños, los dolores. Pero, en cierto sentido, también me alegro. Nuestra relación se enfrentaba con unos problemas que ambos rehuíamos.

En cualquier caso, llevo siete días sometido a una violenta sinceridad interior. En medio de tantos problemas, de tantas obsesiones, el deseo de tu presencia se apodera mil veces de mí. Tú lo has dicho muy bien en una de tus indescifrables cartas: «Mi sento in grado di volere che ti voglio, ti voglio ti voglio ti voglio ti voglio io, e poi che cosa da aggiungere?». Y, sobre todo: «Scrivimi, mi fa piacere, se tu vuoi, naturalmente, mi fa piacere, é inutile dire cazzate, lo voglio e basta, ne ho bisogno e basta».

En lo demás puede haber problemas, pero no en esto. Caterina, es así. En medio de tanta confusión, solo mis deseos parecen ciertos: deseos de coger el tren de Roma y de ir a encontrarte y pasear contigo por las calles de esa ciudad y de abrirnos el uno al otro en una habitación.

Ahora estoy aquí escribiéndote, y siento al mismo tiempo pasión por ti y por Adela, amor por ti y por Adela. ¿Cómo puedo remediarlo? ¿Cómo puedo dejar de ser cruel y remediar un daño tan gratuito? No puedo romper esta carta. Sé que ella ve en su longitud una prueba de mi amor hacia ti y cree que nunca le he escrito tanto o le he dicho estas cosas. Yo no te quiero más por escribirte tanto, Caterina. Escribir es hablar y hablar es lo mínimo que debemos a las personas.

He interrumpido un rato la carta para hablar con ella. Ahora me siento un poco más confuso. Mañana tengo que levantarme pronto, dar dos clases. Tal vez no me voy a acostar. Quizá leeré y fumaré pipas y me devanaré los sesos con todo esto. ¡Qué más da! Mañana te enviaré la carta, y lucharé otra vez con el deseo de ir a Roma e incluso con el de llamarte por teléfono.

Escríbeme con letra clara y yo iré a ese presente. Creo que podré ir a Roma pronto, pronto, pronto.

Mi hijo aprendió con ese golpe que, para cambiar además de caminar, hay que pasar por dolorosos trances.

Aquella iba a ser la década prodigiosa: se estaba levantando el Muro de Berlín, se había celebrado la primera reunión del Concilio Vaticano Segundo, Martin Luther King iba a anunciar a las multitudes su famoso sueño, Kennedy moriría asesinado en Dallas, Palmiro Togliatti estaba a punto de rendir su alma, los estudiantes cerrarían filas para encontrar el mar bajo los adoquines del Mayo francés, el hombre llegaría a la Luna y España estaba montando el Tribunal de Orden Público. Esos años fueron los más explosivos en la historia personal de mi hijo.

De ese modo, Nano cayó, una vez más, en su eterno error: el de solapar a dos mujeres distintas. Siempre me sorprendió su egoísmo y su empeño en repetir una dinámica que nunca le funcionó. Durante años, me pregunté por qué le daba tanta importancia a los nuevos y viejos amores. No sé si llegó a reparar en el dolor que causaba. No sé si se castigaba por ello. Pero sí sé que nunca supo cerrar del todo una historia de amor. Volvía sobre ellas, las recordaba, se replanteaba toda clase de hipótesis que solo cabían en su entender.

Por eso, mi hijo trató de reconducir la ruptura con Adela cuando esta ya se había instalado en Abano. Quiso convencerla para retomar la historia sin dejar de lado a la nueva *ragazza.* Pero Adela, que era de otra pasta, rechazó la oferta y arrojó a mi hijo a los brazos de Caterina. Lo fácil habría sido pasar por el aro de mi hijo, una vez más. El daño era tan tremendo que el alivio del perdón se había anulado. Su miedo era el de no volver a ser feliz. Porque a Adela la habían movido y desplazado... Los días de Padua, los de Torremolinos y los de Cercedilla quedaban irremisiblemente perdidos.

IX

C'E CHI DICE «L'AMOR NON È BELLO», CERTO QUELLO L'AMOR NON SA FAR

Para saber decir: yo te quiero, primero hay que saber decir: yo.

El manantial,

AYN RAND

Para Nano, el día 30 de mayo representaba la fecha de mayor festejo de cuantas componían su almanaque: era su santo. En sus años de infancia, lo celebrábamos comiendo la clásica tarta de fresas con nata. Luego, visitábamos la Feria del Libro de Recoletos para que él recorriera todas las casetas hasta elegir un libro. Y, más tarde, casi a última hora, paseábamos por el parque del Retiro, donde alquilaba una barca de remos con su prima Cuca y otros chicos.

De Elena a Nano

Madrid, 30 de mayo de 1963

Querido Nano:

Todos te enviamos nuestra felicitación por tu santo. ¡Es el primero que pasas lejos de mí! A ver si escribes más a casa. A veces, el saberte tan lejos me pone furiosa. Ya sabes que las madres para estas cosas somos una calamidad. Menos mal que salgo bastante y tengo mucho ajetreo en casa. El abuelo me tacha de mujer moderna y dice que descuido el fuego del hogar, pero yo no lo creo así. Sin esa actividad que me traigo, me pondría enferma a fuerza de pensar en lo que imagino que andarás haciendo.

Cuídate mucho, vuelve pronto y, entretanto, recibe mil besos de tu madrépora.

Ese día, Nano se despertó solo. No hubo mucha fiesta. Mi hijo siguió la voz de la conciencia y trató, a principios de junio, de abrirse paso en la Facultad de Magisterio de Roma. Quería seguir un par de años por allí. Había empezado a redactar, con un profesor conocido, una gramática de lengua española para las escuelas italianas. Un libro sencillo, pero de método directo, que le animó a abrir ese camino.

También, en los días que siguieron al adiós de Adela, se dedicó a buscar respuestas en un recorrido que le llevó a Bolonia, a Florencia, a Arezzo, a la Toscana, a Perugia, a la Umbría, al Lacio, a Viterbo y a Siena. En todas esas ciudades, se estaba llevando a cabo una enardecida campaña electoral que le permitió escuchar a Pietro Nenni, el jefe del Partido Socialista Italiano. Lo hizo en la Plaza della Signoria de Florencia. Terminó su circuito en Roma, donde solo halló una carta de Adela.

De Adela a Nano

Abano, 7 de junio de 1963

Nano:

He decidido enviarte este batiburrillo de pensamientos, aunque nosotros ya no tenemos nada que decirnos. Te he enviado esta carta a Roma porque quiero que la leas lejos de mí. Que vaya a Roma, me dices... No seas absurdo. Pídeme cosas concretas, con datos concretos. Con convicción, con seguridad de lo que pides y de lo que estás dispuesto a dar. Pero no así. Sigo firme en mi manera de pensar y sentir respecto a la relación amorosa. Como no te puedo negar que sigo enamorada de ti, sería absurdo ir a Roma en las actuales circunstancias. Yo te escribo una carta egoísta y tú mantienes una posición egoísta respecto a tus apetencias. Ven tú, si te interesa. Yo, por haber elegido antes y no ser elegida después, ahora no tengo elección. Ahora que estás en Roma, voy a pedirte un último favor: que vengas a verme para que, si tu relación con Caterina ha seguido adelante, me mires a los ojos y me digas adiós. Si, por el contrario, aún queda una última posibilidad de vida entre tú y yo, si estás enamorado de mí y me necesitas, tendrás que demostrarlo.

Adela

PD: Te agradecería que no comentases mi carta con Caterina. No nos compares. Yo te la escribo a ti, no a ella.

Cuando Nano volvió de Roma, no quedaba ninguna incógnita por despejar. Mi hijo ya admiraba a Caterina, y en ese camino había descubierto la posibilidad de vivir el amor que todos quieren. Ocurrió de manera involuntaria. Por eso, ese amor fue como fue. Por eso Nano no respondió a la carta de Adela.

De Nano a Caterina

Padua, 9 de junio de 1963

Trabajo solo, duermo solo, me despierto solo. ¡Y este deseo que no se apaga y esta tristeza hacia Adela dominada por las ganas de ir a verte y este ponerme a escribir a las cinco de la tarde, animado por un miedo que no quiero ocultar!

Ahora me pondré una camisa limpia y saldré a dar unas lecciones. Después, a las nueve, algo de cenar, unos vasos de vino tomados en tabernas. Y luego, las lecturas, tumbado sin desvestirme en la cama. ¡Qué sé yo! No hay saltos atrás, Caterina, no hay saltos atrás en casos como este, y ya el otro día te lo dije.

Antes te he dicho que te escribía conducido por un miedo, y ese miedo es el más vulgar de todos, el miedo de perder mi chance, de verme desposeído de tu disponibilidad por dos armas tan fútiles como el tiempo y la distancia. Caterina, lucha contra eso, por favor, como yo lo hago. Lucha por mantener vivo este recuerdo, esta sensación de encuentro, porque solo así lo harás libre. Eso es lo que te pido, Caterina, ese es el motivo de mi carta y de mi miedo. Te pido *disponibilitá fino alla fine.* Aquí el tiempo y la distancia nada juegan.

¿Entiendes las cosas, las entiendes bien, a través de este idioma extraño? Tengo también mucho miedo de no ser comprendido. Y no por mí, desde luego, no por mí, porque yo sí entiendo mis palabras. Por los otros, por ti. Mil veces peor es no entender que no ser entendido.

¡Cuántos miedos por ti, terrible Caterina...!

Tres o cuatro días después del envío de esa misiva, Nano deshizo los pocos nudos que aún le amarraban a Padua. Libre de Adela, dejó la casa que juntos habían encontrado y se instaló, a mediados de junio, en Roma. Ocupó otra vez el apartamento de Ángel Sánchez-Gijón y repartió con él la mitad de la habitación disponible. Cada uno hacía noche en una esquina y en camas individuales. La intimidad no era demasiada, pero sí la suficiente para que Caterina entrase de puntillas en el pisito de los dos españoles para arrebujarse entre las mantas con Nano.

Fue en aquellos días de Roma cuando mi hijo volvió a sentir la llamada del activismo político. Allí intervino en numerosos simposios, fue predicador en otros tantos mítines de tono izquierdista y acudió a asambleas celebradas en Génova y en las zonas más proletarias de Milán, como Sesto San Giovanni. Logró, como en Madrid, abrirse paso en todos los ambientes antifascistas, en los que operaba bajo el alias de Carlos Santana para que la vigilante guardia española no lo identificase. Además, hubo de cumplir con la especial misión que su cargo de responsable en la FUDE italiana le otorgaba. Realizó diversas gestiones para conseguir becas o dinero –con las que solo logró que un representante de la UNURI[1] le entregase cuarenta y cinco mil liras que invirtió en papel timbrado, sellos y otros gastos que pudieron surgir–, se dirigió a los locales de los partidos Comunista, Socialista y Democristiano y recopiló suscripciones de publicaciones y revistas italianas de carácter político.

Adela, por su parte, seguía arrastrando la soledad de un amor que, para ella, no había concluido. La vida le resultaba tan absurdamente rutinaria que hasta había perdido el consuelo de saber rebelarse contra sus desdichas.

De Adela a Nano

Abano, 27 de junio de 1963

Estoy rabiosa y me siento desilusionada. Te lo digo a ti, y no porque seas tú. No. Te lo digo porque en este momento eres el único asidero. Me tienes muy vista, ¿verdad? ¿Por qué escribirme ahora? Soy solo un ser humano al que conoces y que no está a la altura de Caterina.

He perdido todo mi valor, ese valor del que tan orgullosa me sentía cuando te conocí, y tú sigues en plena actividad política y social. Pienso en ti y en Caterina, y se me saltan las lágrimas.

1. Unión Nacional Universitaria Representativa Italiana.

¿Sabes lo que están tocando en este momento? *Bésame mucho.* Casualidades del destino.

Adela

En esos días yo echaba de menos a mi hijo tanto como lo hacía Adela. Él mantenía su nefasto hábito de invertir horas eternas y noches completas en escribir a sus amores, descuidando las comunicaciones familiares. Pero la distancia es un gran difuminador de defectos y el descontento con alguien termina por ser un resentimiento de elaboración y cosecha propia. Por eso, en aquel verano yo estaba dispuesta a ir a cualquier sitio para abrazar a mi hijo. También Marilén y Billy ansiaban reencontrarse con su hermano, y Guillermo se mostraba animado a visitar a Nano. Así que, entre todos, decidimos inscribirnos en un viaje turístico que nos llevaría en autocar por las principales ciudades del Véneto, la Toscana y el Lacio, partiendo desde Turín, en la primera semana de julio, para reencontrarnos allí con Nano.

Entre medias, la tranquilidad de mi hijo se quebró por un plan sobrevenido en la agenda de Caterina. Esta había conseguido una beca para asistir al Festival de Teatro de Avignon y, de un día para otro, iba a abrirse entre ellos un paréntesis de quince días de ausencia. Se despidieron en los andenes de Roma y acordaron reencontrarse dos semanas después en la cantina de la estación de Génova. Nano aguardó en la dársena hasta la salida del autobús y sufrió un golpe de amor por la chica de *Eldorado.* No tuvo, para hacerle frente, más armas que sus palabras, las mismas que garabateó y envió a Adela desde una oficina de Telégrafos: «Tuyo es el fuego, mía la espada. Telefonea a Roma». Y ella lo hizo. Acordaron verse dos días después, en Venecia, para que las dentelladas del caos volvieran a sacudir sus vidas.

Adela llegó puntual y mi hijo hizo lo mismo. Comieron poco, bebieron mucho y, ebrios de deseo y de promesas, quisieron hablar. Nano prometió a Adela que, tan pronto como se liberase de nuestra visita, se iría con ella a Barcelona, a buscar otra vez refugio en casa de Gonzalo Suárez. Adela pidió garantías, y las garantías para Nano eran el cerco de su libertad. Mi hijo pensó entonces en todas las certezas de Caterina y su sombra, o su luz, se proyectó en aquel cuarto. El ambiente se caldeó y el ánimo se puso rígido. Discutieron lo suficiente como para que mi hijo reculase hasta anular el plan de Barcelona. Adela hizo oídos sordos y en su subconsciente la idea de retomar el noviazgo siguió en pie. Ella regresó a Abano y él durmió al raso para coger a la mañana siguiente el tren hacia Turín con un deseo firme: el de fugarse con Caterina a las playas de Tellaro muy pronto.

El reencuentro con mi hijo fue inefable. No cabe describir cuánto sentí al revolver con mis dedos, como hacía cuando era niño, su pelo negro y rebelde. A su lado, recorrimos varias ciudades y volvimos a ser una familia. En Génova, mi hija pequeña, Marilén, tuvo su primer periodo, que vino con unas hemorragias muy fuertes y que nos obligó a tomar el primer avión disponible para regresar a España y consultar la urgencia con un médico. Nano se quedó allí con la compañía de Billy y varias plazas pagadas en un autobús con destino a Madrid que nadie iba a aprovechar. Pícaro hasta el fin, pidió a la guía turística que se las cediesen a él y a Caterina, recién llegada de Avignon. Ella renunció al proyecto de veranear en Tellaro para irse de improviso a España con mi hijo.

El día 29 de julio entraron en España por Portbou. Billy siguió hasta Madrid, pero la pareja se apeó en Barcelona, donde Nano buscó la hospitalidad de Hélène y de Gonzalo, que los recibieron con los brazos abiertos.

Al tercer día, quisieron buscar más intimidad de la que tenían en casa de Gonzalo y alquilaron una habitación en un hostal de la calle Julio Verne. Mientras, Adela había llegado a Barcelona y buscó las señas de Nano y se presentó, acompañada por Gonzalo, en la casa de huéspedes. Subió a la habitación creyendo que tras su puerta estaría mi hijo. Empujó la puerta que no tenía el pestillo echado y se topó con la apoteósica e inefable escena.

Aquello fue el fin. Fue lo que explicó el proceso anterior al fin, lo que aclaró si la historia entre Adela y Nano servía o no servía, lo que dio una verdadera y definitiva razón a la ruptura. Allí concluyó, quedó para siempre zanjada y anulada, la búsqueda de El Dorado entre Adela y mi hijo. Ella, con inigualable elegancia y dignidad, vivió después un amago de flirteo con Ángel Sánchez-Gijón, que no duró mucho. Luego viajó a París y allí buscó el consuelo de un viejo amigo instalado en la ciudad, Rafael Sarró. Con él se citó, una tarde, en la fuente de Saint-Michel y la amistad que ambos se profesaban fue transformándose en algo parecido a un amor. Los devaneos entre Rafa y Adela se congelaron durante un tiempo, el mismo que ella impuso al tomar la decisión de marcharse, durante todo un año, al Pekín de Mao Zedong para montar su propia, exclusiva e inconfundible revolución cultural. Cuando regresó de China, la vida le estaba esperando en Madrid. Se fue a vivir con Rafa, su primer y único marido, a un piso de la Avenida Donostiarra, en el barrio de la Concepción.

Nano conservó siempre el trato amistoso con Rafael, que, de vez en cuando, daba noticias de sus vidas. Los hermanos de Adela nunca perdonaron la traición de mi hijo y jamás volvieron a verse. Y con ella se encontró alguna vez, durante los setenta, pero nunca nada volvió a ser lo mismo. Cuando Nano publicó, en 1983, la primera versión de *Eldorado,* Adela rechazó la idea de recordar aquella historia y de asistir a la presentación del libro. Tiempo después, sufrió una hemiplejia y no quiso volver a ver jamás a mi hijo.

Nano, que en los días de Barcelona había cerrado el capítulo de Adela, se centró en su nuevo amor. En aquel verano de 1963, se aplicó en la tarea de enseñar a Caterina una España diferente, la que él había ido construyendo durante los últimos años. El día de san Lorenzo, visitaron El Escorial y desde allí se enrolaron en un viaje hacia el Sur, ocupando las dos plazas libres que quedaban en el Volkswagen de Corrado Augias y su esposa Daniela. Llegaron a Almuñécar al amanecer y encontraron el dormitorio perfecto: alquilaron una tienda de campaña instalada en el último piso de una pensión, sujeta con bridas a la azotea del edificio. Era divertida y apenas costaba dinero, pero quedó desbaratada por una torrentera de viento en la primera noche. Renunciaron a ella y se instalaron, al día siguiente, en el cuarto de otro hostal.

También allí, en Granada y en las costas de Almuñécar, participaron como figurantes en el elenco de *El próximo otoño,* una película dirigida por Antxon Eceiza. El rodaje les brindó la oportunidad de trenzar lazos de amistad con Eceiza, que les regaló las llaves de su apartamento en Madrid. Llegaron a la capital los primeros días de septiembre, después de recorrer Sevilla, Córdoba y Málaga y se instalaron en la casa de Antxon. Era el quinto piso de un edificio moderno, ubicado en la calle Padre Xifré, con un estilo que comenzaba a abundar en el Madrid de esa época, auspiciado por el milagro económico del régimen.

Unos días después, Angela, la madre de Caterina, llegó a aquella casa con ánimo de poner orden en la vida de su hija y fin a la relación con aquel *spagnolo.* La pareja tuvo que compartir con ella el apartamento. Allí, tres personas eran una multitud. Caterina, dominada por el vuelo de las faldas maternas, acertó a proponer la idea de compartir cuarto con su antecesora, invitando a Nano a ocupar el sofá para garantizar la paz nocturna.

—Mira, rica, dormimos juntos desde hace meses y tu madre, aunque le chinche, lo sabe. Si ahora no te plantas ante ella...

Y Caterina se quedó con él. Fue Angela quien pasó dos noches en el diván antes de regresar a Italia.

El día que siguió a la partida de Angela, el 30 de septiembre, hacia las ocho de la tarde, alguien llamó al timbre del apartamento de Eceiza. Por el agujero de la mirilla vieron un despliegue policial. Todo un regimiento: seis inspectores de la Brigada Político Social que entraron como elefantes. Dos de ellos se abalanzaron sobre mi hijo para colocarle unas esposas. Otros dos se dedicaron a revolver y a poner patas arriba todo lo que encontraron a su paso.

Con el registro, consumaron la orden de detención de los integrantes de la ADPE dictada unos meses antes, al recibir la información filtrada por un abogado español exiliado en Italia y socio fundador de la ADPE que, siendo uno de los suyos, incurrió en vender a sus compañeros por el cómodo rango de confidente para la DGS. En ese tiempo, habían empezado a estallar pequeños artefactos explosivos en las fachadas y los vestíbulos de los bancos más importantes del país. No causaban víctimas, pero sí una considerable alarma social. El despiste de los investigadores era mayúsculo. No había forma de averiguar quién era el personaje oculto bajo la tapadera de un seudónimo que ponía esos petardos. La Policía llegó a la conclusión de que Nano había regresado a España para organizar aquel zafarrancho de combate. Los sucesos desencadenaron las primeras redadas para dar con mi hijo.

El paradero desconocido de Nano, junto con las informaciones filtradas por Carasol, desencadenaron la búsqueda. A finales de julio, la Policía aduanera recibió la orden de no dejarle pasar a España y devolverlo a Italia. Y los grises, que ya daban a mi hijo un trato de dirigente político y mucha más importancia de la que tenía, lo esperaban en la frontera el 29 de julio, pero como él llegaba a bordo de un autobús turístico que entró en España por Portbou, y en ellos no había control de pasaporte, se coló sin que la Policía se enterase y estuvo todo el mes de agosto y septiembre caminando por España.

En septiembre, mi hijo fue a visitar al hospital de General Mola a Chicho Sánchez Ferlosio, recién operado de apendicitis y también vigilado por la Policía. Los agentes repararon en que mi hijo ya estaba en España y quisieron detenerlo. Él, al darse cuenta de que le estaban siguiendo, se detuvo en la parada de autobuses de O'Donnell para subirse en marcha al número dos, que en ese momento arrancaba, dejando a los dos policías con un palmo de narices.

En el minucioso registro, dieron con el nombramiento de la UNEF que le acreditaba como delegado en Italia de la FUDE. Nano había olvidado la existencia de ese nombramiento. Encontraron también el resguardo bancario por la donación de cuarenta y cinco mil liras, varios papeles en los que mencionaba la propuesta de Miguel Sánchez-Mazas para infiltrarse en el Vaticano, algunas notas tomadas por Nano sobre las manifestaciones hechas por Marcos Ana en un mitin del Teatro Eliseo de Roma, un libro titulado *Lenine* y varios asuntos relacionados con el Partido Comunista Italiano.

Cuando terminaron de revolver y desmontar la casa, los agentes le detuvieron. Con él habían caído también Chicho, Javier Pradera, Julio Ferrer Mariné, Juan Antonio Matesanz, Ángel Sánchez-Gijón y Ángel de Lucas, entre otros. Los agentes pronto se convencieron de su inocencia en el caso de los petardos, y decidieron buscarle las cosquillas tirando del hilo de la ADPE. Se le acusó de llevar a cabo actividades políticas contrarias al régimen español, de formar parte de la FUDE y de intervenir en actos públicos celebrados en el extranjero. El Juzgado de Instrucción Especial de Propaganda Ilegal del Territorio Nacional dictó sus diligencias:

> En Madrid, y en las Oficinas de la Brigada Regional de Investigación Social de la Jefatura Superior de Policía, siendo las once horas del día 30 de septiembre de 1963, se extiende la diligencia instruida en esta Brigada para hacer constar que en esta Dirección se encuentra el detenido acusado de realizar actividades políticas en Italia contrarias al régimen español, así como de haber constituido una entidad o agrupación denominada Alianza Democrática Popular Española, que tiene su sede en Roma y cuyos fines son subversivos y ha intervenido en actos públicos celebrados contra nuestra Patria en el extranjero para aunar y orientar los esfuerzos de los distintos grupos desligados que actúan en contra de nuestro régimen. Se sospecha que su venida obedece al deseo de dar a conocer y buscar puntos de apoyo en el interior para dicha organización, con el fin de respaldar sus actividades en el extranjero. En vista de lo expuesto, y en los calabozos de esta jefatura, el Ilustrísimo Señor comisario jefe de la Brigada dispone que, por funcionarios de la misma, se decrete inmediato envío a prisión.

Cuando el Tribunal Civil se hizo cargo de todos los detenidos, a Nano lo trasladaron de las celdas de aislamiento a la vieja galería de presos políticos. Era su tercera encarcelación. A esas alturas de militancia, el partido congeló y desautorizó su actividad en aquel otoño, aduciendo que mi hijo era trotskista y anarquista y acusándole *de llevar una vida inmoral.* También este pensaba en Caterina, que, desde Roma, no dejaba de trabajar por burlar la distancia que la separaba de mi hijo. Buscó amigos, abogados y un sueldo de traductora en la universidad de Italia con la intención de asumir los costes del proceso o de una posible fianza. Se preocupó de empaquetar y enviar los jerséis, los abrigos, las pipas y los libros que Nano había dejado en Via Canobi y de girar todo el dinero que, entre varios amigos, habían logrado reunir. Ella, aunque muy lejos, estaba, tan imbatible como siempre, con él. Él pensaba en ella a todas horas.

De Nano a Caterina

1 de octubre de 1963

Caterina:

Dos líneas, tal vez las últimas que pueda escribir durante una temporada. Me han pasado a los jueces y supongo que me procesarán. Esto ha arruinado nuestros planes, pero no los ha destruido. Vive de la manera más justa posible, eligiendo siempre tus actos, vigilándote tanto en ti misma como en tus relaciones con los otros. En una palabra: que nuestros viejos lugares comunes sean y sigan siendo *verdad.* Nuestra historia sigue adelante y solo de nosotros mismos depende terminarla. Cuando salga, nos iremos a Italia.

Me estoy poniendo algo sentimental, pero no te preocupes: en la medida justa. Espérame, Caterina.

Te amo.

De Caterina a Nano

Roma, 17 de noviembre de 1963

Por fin una carta tuya. He pasado días infames esperándote. Días sumergidos en una angustia sin fin por no verte. Y hoy *eccola qui,* tu carta, y *eccomi qui,* sin poder negar cuánto la había deseado.

Más serena ahora. Serena, dulce, caliente, tierna, como si fuera verano y tú estuvieras cerca de la cama, de broma, con piernas, manos y tonterías de juventud grande. Tengo una gran necesidad de ti. Pienso mucho en la compleja y bella atmósfera de nuestra casa. Una casa donde, bien o mal, se vivía, donde no podían existir secretos, donde todo estaba decidido. Te amo. Nuestras ganas de expresarnos son grandes, así como nuestra exuberancia y nuestra vitalidad. Nano, la vida me demuestra que tú eres mi hombre. ¡Dios! No sabes hasta qué punto eres mi hombre. Contigo me abro generosa y prudente a la vida. He releído muchas veces tus cartas. Nuestra historia se vuelve tan bella porque es muy inteligente. Es un desafío a la metafísica de las relaciones, una proclamación grande de vida, de felicidad, de bienestar, de paganismo. Por todo ello, nuestra historia continuará y no dejaremos de vivir según lo que nos parece justo. Tu carta me ha hecho reír de ternura, de amor. En un segundo he visto todo el mundo por ti.

Nano clavaba los ojos en el techo al leer las cartas de Caterina y pensaba en su importancia. Gracias a ella, había un Nano capaz de olvidar los barrotes.

De Nano a Caterina

Querida Caterina:

Qué ganas tengo de salir. Hace un frío de mil demonios y la celda se ha quedado vacía sin Ángel, que ya tiene libertad. Días de vino y rosas, de retornar a lo vivo y lo lejano. Y también de cierta opresión en el pecho, cierto miedo a los cambios que hayan podido introducir las distancias en nuestra relación, en nuestras posibilidades, en nuestros afectos. Esta es, si sabes leer entre líneas, la carta más sentimental que te he escrito. Tendremos mil nuevas ilusiones con las que encendernos. Ahora estás conmigo en la celda, viva, terriblemente viva, tu figura, te siento mover, me besas y tu olor vuelve con el aire.

Los dos contaban con la dosis de fuerza necesaria para estar a la altura de sí mismos, y en esa circunstancia tenían la certeza de que debían superar el obstáculo de la cárcel para ungir de firmeza y de sentido a su amor.

De Caterina a Nano

8 de diciembre de 1963

Querido Fernando:

Cuántas palabras pronunciadas. ¡No sabes el bienestar que implica solamente pronunciar tu nombre! Pronunciarlo despacio, con mi tristeza, que ahora me parece una tristeza de adolescente.

He buscado por todos lados cualquier objeto tuyo, tus jerséis llenos todavía de tu olor, las cartas releídas desde la primera a la última con el deseo de buscar una continuidad. Esto me ha dado momentos de confianza, de tranquilidad.

Esta noche tengo una impresión exacta de tu piel, de tus dientes, de tu olor y... Dios, ¡cómo te amo! Cómo estoy cerca de ti a pesar de todo, a pesar de la cárcel, a pesar de la distancia.

Recuerda todo, Nano. No puedo vivir sin ti. Ahora estoy en una soledad intelectual sin precedentes y esta sensación aumenta día a día.

Debieron de ser ciertos aquellos tópicos que vincularon la dulzura de la espera y el dolor. Nano aguardaba el reencuentro con Caterina queriéndola como ningún hombre pudo querer entonces.

De Nano a Caterina

19 de diciembre de 1963

Querida Caterina:

Otra carta desde la cárcel, que podría ser la última. Chicho se ha ido anteayer, Julio y otros esperan hacerlo esta mañana. Familia y abogados insisten en que para Nochebuena estamos todos fuera. Veremos. El problema está en si será con o sin guardias.

He superado los restos de un gran mito y me siento liberado para actuar en un determinado orden de realidad, que aquí prefiero silenciar. Por lo demás, el balance de estos meses es, como todos los balances, positivo. Hacia ti, aparte de las ganas, siento una gran necesidad de volver contigo a Roma y crear una bella vida contigo, como la que teníamos. El martes te pondré un telegrama con una sola palabra: *amor*.

Casi en el último estertor del año, mi hijo salió de la cárcel y llegó a casa escoltado por dos inspectores de la Político Social que pasaron la noche jugando a las cartas en la habitación contigua al comedor, donde los demás cenábamos. Al día siguiente, dos grises montaron una guardia permanente en el umbral de nuestra casa para contener y evitar las salidas de mi hijo.

Nano se vio confinado en lo que entonces se llamaba «prisión domiciliaria», limitado por una situación absurda, que le obligó a desesperarse y a fijar su domicilio en Lope de

Rueda. Al mismo tiempo, Caterina había urdido, con la complicidad de Billy, la idea de viajar a España en cuanto mi hijo alcanzase la libertad. Cumplió con su propósito, tomó el primer avión y aterrizó en Madrid con una maleta repleta de artilugios y libros, pero casi carente de ropa y con solo mil pesetas en el bolsillo.

En nuestra casa, esa relación estaba prohibida, sobre todo para Guillermo, que se hacía cruces cada vez que alguien la mencionaba. Todo debía orquestarse con ingenio y sutileza. Cuando Caterina llegó, mi hijo Billy fue a recogerla al aeropuerto. Luego se perdieron dos horas de bar en bar y esperaron directrices, buscaron cabinas para llamar a casa, rezaron para que yo no atendiera al teléfono, para que su plan saliera bien.

Encontraron refugio en la casa de Isaac Montero, un amigo de mi hijo. Caterina se instaló allí y la dificultad extendió su manto sobre todas las cosas. Nano, recluido en Lope de Rueda; ella, en el piso de Isaac. Con la ayuda de Billy y de Marilén, Caterina y Nano urdieron un plan de fuga. Mi hijo llamó durante varios días a Gonzalito Torrente: de él necesitaba la misma ayuda que, dos años antes, había brindado a Adela. Estaba dispuesto a falsificar su pasaporte. Mi hijo apostó todos sus ahorros, que no llegaban a las mil pesetas, y su última foto de carnet a la destreza falsificadora de los contactos de Gonzalo, pero este falseó su propio documento. Sea como fuere, por la gracia de Gonga, el plan de la pareja se tornó imposible. La confianza en el cambio iba diluyéndose cada tarde y Nano puso en marcha una serie de prospecciones nocturnas para sisar todas las latas de conserva posibles. No eran para él, sino para su novia.

Vencido el primer mes de arresto domiciliario, mi hijo tuvo la idea de provocar encuentros furtivos con Caterina, cuya consumación quedó limitada a la escalera de servicio de Lope de Rueda. Probaron un día, repitieron al otro, y la treta los animó a saltar de casilla. Poco a poco, aprovechando mis ausencias, Caterina comenzó a frecuentar nuestra casa. Subía al tercer nivel y caminaba descalza, hasta la puerta secundaria de nuestra vivienda. Luego, abrazados, solían caminar hasta el cuarto de las criadas para encerrarse en él. Mi hijo se tumbaba con Caterina sobre la cama de las criadas y Billy montaba guardia en el comedor, preparado para alertar de nuestra posible e inminente presencia. En ese momento, cuando yo regresaba a casa, o cuando los guardias decidían estirar las piernas y recorrer el pasillo, llegaba el momento de la despedida. Y Caterina volvía a casa de Isaac o se iba almorzar o a cualquier cine. Mientras, Nano apretaba los dientes y sentía envidia de las calles que iban a sentir sus pasos, de las personas que podrían rozarla en el metro, de las butacas... En ese momento de caos, mi hijo extrañaba el jardín de Via Canobi, la romántica idea de Roma, la *trattoria* en la que solían refugiarse, la libertad de los cines y el Trastévere. Por eso, Nano adujo que la hora de convivir con su chica había llegado, era ya ineludible. No podía demorar ese acontecimiento más. Así que mi hijo, a la desesperada, acopló en Lope de Rueda un segundo domicilio en el interior de su cuarto: allí estableció una nueva residencia para Caterina. En silencio, la pareja pudo abandonar los apresurados encuentros y las noches de ausencia. Juntos hicieron de aquella madriguera un espacio habitable. Burlando los límites, consiguieron instalar una toma de corriente y un circuito de bombillas capaz de iluminar el ínfimo espacio que bajo el somier ocupaba Caterina. De vez en cuando, mi hijo se descolgaba por el borde del colchón y sus ojos se detenían en la contemplación de su novia. Era, la de ambos, una existencia divertida. Y la explotaban hasta el agotamiento, hasta escribir una historia tan vieja como el mundo. En aquellas noches, hablaban continuamente. Otras veces, después de inundarse de palabras, guardaban silencio. Un silencio cómodo y cómplice. La voz o la falta de ella eran siempre carreteras secundarias que les conducían al kilómetro cero de un itinerario tan viejo y tan nuevo como el Génesis, pero suyo.

Con el correr de los días incorporaron algunos lujos en su habitáculo. Compartían cubatas con un ingenioso sistema: colocaban la bebida en el suelo y, mientras pasaba la tarde, ora bebía Nano ora lo hacía Caterina. De vez en cuando, yo me acercaba por allí. Entraba y salía de la habitación a mi antojo, charlaba con mi hijo, me acomodaba a su vera, le daba mimos y saldaba la deuda contraída durante sus ausencias. Caterina, mientras tanto, aguantaba la respiración hasta ponerse verde y ahogaba los estornudos repentinos. Vivieron en esa cuerda floja hasta que un día descubrí a la chica. Nuestro primer contacto no fue nada ortodoxo. Un domingo, con la casa libre de criadas, entré en el cuarto de Nano para buscar una revista. Y él, nervioso, me bloqueó el paso, pero abrió la puerta de las sospechas.

Minutos después, sonó el teléfono y alguien reclamó la atención de mi hijo. Yo, contrariada, aproveché la oportunidad que me estaba brindando el destino y revisé con lupa todas las esquinas de su habitación. Cuando iba a dar el registro por terminado vi la cama, apetecible y sospechosa. Me arrodillé como pude y creí enloquecer. Allí había una mujer rubia y desgreñada, vestida con trapos que, con los ojos muy abiertos y la respiración entrecortada, no dejaba de mirarme sin atreverse a decir nada excepto «buenas noches», con timidez. Nano, al término de la conversación telefónica, enfiló el camino de regreso hacia su madriguera con la intención de celebrar un achuchón con su chica, pero cuando entró debió de experimentar esa rabia infantil que sienten los niños cuando alguien los descubre con los dientes hundidos en un tarro de mermelada. Él, sin saber muy bien qué decir, nos presentó a Caterina como si todo fuera normal, quitándole hierro a lo que para nosotros era, a todas luces, anormal. El escándalo en casa fue mayúsculo. Guillermo buscó consuelo, como siempre, en el piar de su canario. Billy y Marilén celebraron con vítores y aplausos la hazaña de mi hijo y yo... Yo me puse manos a la obra para zanjar el despropósito de aquella cohabitación libertina. Sin prestar atención a Nano, me quité el batín y las zapatillas, examiné mi armario para elegir la ropa adecuada, saqué a Caterina de debajo del colchón y tiré de ella hasta el bar más cercano. Allí, sentada frente a ella y sin más testigos que una taza de café con leche, le expuse, con educación y claridad, lo que, desde ese momento, debía hacer: «No quiero volver a verte más por mi casa».

Y era cierto. Aquellas no eran maneras para un domicilio de bien. Así volvieron ambos al punto de partida, a las infinitas horas en las que a mi hijo le venían las irremediables ganas de historiar unos días que colocaban el dardo de su esencia en otras cuestiones. Eran días poco narrativos para él, donde los acontecimientos tenían menos importancia que las sensaciones, y donde la continuidad de los hechos se iba transformando, a través de la memoria, en una brumosa superposición de estados de ánimo. Primero, la insatisfacción, el amor a trozos y las palabras sueltas. Después, el sentirse anonadado por una traición del azar, por la buena y la mala suerte, por las jugarretas del destino, por el mundo, en suma, de los hechos fortuitos, no previsibles y no incluibles en ningún esquema lógico apriorístico. Por último, la necesidad de apartarse del mundo, de vivir en paz y en soledad con Caterina, de escribir una novela y meditar sobre todas sus crisis de conciencia. Para ella, las horas que siguieron a su veto en Lope de Rueda fueron las de recrear todas las cosas que a mi hijo le estaban prohibidas, las que ella ahora se veía obligada a hacer sola: recorrer las estancias del Museo del Prado, los Goyas de la Ermita, las churrerías del amanecer, las excursiones a Toledo y a Segovia, el chinchón en la Plaza del Sacramento, el vino tinto en la calle de Válgame Dios y, al final, la soledad de su cuarto en una casa desconocida.

Aguantaron con ese ritmo un par de semanas. A Nano y a Caterina ya no les bastaban las soluciones provisionales ni las historias a medias. Ahora, para ellos, todo lo que no era una relación plena era una relación falsa. Por ella, Nano aprovechó el tiempo de las ausencias hasta reunir el valor necesario para tomar la decisión de abandonar Lope de Rueda y cumplir su prisión domiciliaria instalado en otra parte, pero con Caterina. El juez aprobó su traslado y mi hijo alquiló, a medias con Miguel Rubio, una casa en la Avenida Donostiarra, en el barrio de la Concepción. Y allí, con lo puesto, en ese apartamento de no más de sesenta metros y tres habitaciones amontonadas, Miguel, Caterina, el pintor Adolfo Arrieta y mi hijo organizaron una convivencia que iba a prolongarse hasta el mes de agosto de 1964. Allí no había espacio para acomodar a los grises, que tuvieron que ocupar el único hueco disponible: el rellano de la escalera y los dos butacones que, antes de la guerra, se habían utilizado en la agencia de noticias de mi marido. En esa época, entre muchos vecinos del bloque y del barrio, se había corrido la voz de la curiosidad. Todos creían que mi hijo debía de ser un alto cargo de una empresa, digno merecedor de protección y escolta.

Nano resistió algo más de un mes. Luego, extendió una desiderata al Juzgado de Propaganda Ilegal para pedir que se le permitiera trabajar autorizando su incorporación al departamento de Lengua y Literatura Italiana en el Instituto Beatriz Galindo. Los jueces otorgaron su *nihil obstat* y mi hijo obtuvo el salvoconducto adecuado para pasear a sus anchas por la ciudad, mientras los grises se quedaban vigilando el apartamento. Una casa que se convirtió en un centro de amigos, de conspiraciones políticas, de cachondeo y de partidas de póker. También estuvo invadida durante semanas por un grupo de seis italianos que habían venido a visitar a Nano, a Caterina y a Ángel Sánchez-Gijón, que vivía dos portales más allá. Otra de esas noches, Miguel Rubio, que escribía con frecuencia para la revista *Film Ideal* tratando de defender otro tipo de cine, uno libre del sectarismo de la política, llevó a esa casa a algunos de los actores y directores que pasaban por Madrid. Fue él quien, casi de madrugada, entró como un huracán en el cuarto de la pareja para anunciar que allí mismo, en el salón de su casa, estaba Catherine Deneuve. Fueron jornadas irreales, absurdas, hilarantes, magnéticas.

A finales del mes de junio, se celebró la vista oral del juicio que pendía sobre Nano y, al término de ella, pese a la lúcida defensa de Joaquín Ruiz-Giménez, las monedas cayeron de cruz y pintaron bastos. Tras la prisión domiciliaria y atenuada, con la paradójica figura de dos guardias a la puerta de una casa y un cristiano encerrado en esta con permiso para salir durante las horas diurnas al trabajo, no hubo, como se esperaba, final feliz ni absolución. El Tribunal dictó una condena de dos años, cuatro meses y un día por propaganda ilegal y el pago de veinte mil pesetas de multa por asociación ilícita y propaganda. Se habían terminado las risas. Sonaba la alarma de emergencia. La sentencia implicaba un regreso a la lisa y llana prisión carabanchelera: un horrendo paisaje de galerías, lúgubres toques de corneta esparcidos por todas las horas del día, forzada convivencia, monótona sucesión de gavetas llenas de garbanzos hasta la cintura y una pueril disciplina de profesor de gimnasia en escuela de marianistas.

Nano se reunió en un cónclave compuesto por amigos

de confianza. Reflexionó, sopesó los pros y los contras y optó por la insumisión. Por el exilio. Desde mediados de junio, y durante algo más de un mes, mientras los demás apurábamos el verano en Alicante, él, Caterina y otros compañeros se dedicaron a sacar libros y pertenencias en los bolsos y debajo de las ropas, a la francesa y dejando a los dos proletarios de pistola al cinto con cuatro palmos de indignación. Cuando volví a la casa de Lope de Rueda encontré, al final del pasillo, las graníticas torres de libros que Nano había ido acumulando allí para ponerlos a salvo. Mi hijo se exiliaba. Lo comprendí en ese instante. Entendí que, para Nano, separarse de los libros era la clara señal de la huida.

Comenzó así, para mi hijo, una aventura que no terminaría nunca: la del riesgo, la del amor, la de la vida y la existencia puras. Terminaba un periodo, pero empezaba otro que, como en los primeros días de Roma, iba a estar lleno, *malgrado tutto,* de amor. Caterina y Nano estaban a punto de empezar eso que el *Popol Vuh* llama «un camino con corazón».

X

EL EXILIO: NI PATRIA NI BANDERA

¿Volver? Vuelva el que tenga,
tras largos años, tras largo viaje,
cansancio del camino y la codicia
de su tierra, su casa, sus amigos,
del amor que al regreso fiel le espere.

Luis Cernuda

Por Caterina, por las amistades entabladas en los últimos años, por el dominio del país, por el manejo del idioma y por el recuerdo de los días allí vividos, Italia era el único destino posible. Nano ató los últimos cabos y pulió todas las aristas de su fuga: invirtió dos semanas en falsificar su pasaporte, valiéndose de la solidaridad de sus aliados. Mi hijo sabía que en el revelado de las imágenes se vertía una finísima capa de líquido fijante que había que burlar. Encontró la fórmula en una enciclopedia que animaba a sumergir las fotografías en una cubeta con agua y químicos para que se obrara un milagro. Un amigo fotógrafo les prestó su estudio y, en él, Nano, Caterina y Alberto Méndez apretaron los obturadores y gastaron varios carretes hasta que apareció ante ellos la mejor foto de carné de mi hijo. La metieron en la cubeta, probaron líquidos, plásticos, tintas, procesos de secado y de pegado, pero fueron incapaces de superar con decencia la prueba. Fue Pepe Cormenzana quien resolvió el busilis al prestarle su pasaporte a mi hijo para salir del país. Y aunque era pelirrojo y diez años mayor que mi hijo, ninguna de esas incoherencias detuvo la operación. Con la complicidad de su amigo Antonio Javaloyes, que trabajaba como guía en la agencia de viajes del SEU fletando autobuses, en las últimas horas del día uno de agosto, Nano subió al autobús y cruzó la frontera por Andorra, con doce mil pesetas en el bolsillo.

Esa misma noche, mientras él ganaba distancia, los demás en Lope de Rueda perdimos el sosiego. Toda la casa se despertó con el ruido y los golpes en la puerta de un grupo de Policía Secreta. Eran ocho los agentes que llegaron para esclarecer el paradero de mi hijo. También ellos, al no encontrar en nosotros la clave, dictaron una orden de detención, busca y captura contra él:

> Diligencia para hacer constar que, en esta fecha, a 10 de agosto de 1964, se recibe del Juzgado de Orden Público el anterior oficio junto con el de la Dirección General de Seguridad por el que se comunica haber desaparecido el procesado de su domicilio en la Avenida Donostiarra número 12, 9-3ª, donde se encontraba en situación de prisión atenuada desde el 23 de diciembre de 1963. Ahora se halla en situación de ignorado paradero. Ante el quebranto de la situación favorable de prisión atenuada por el procesado, conforme el artículo 861 bis, se procede a elevar a definitiva la referida prisión, así como, dado el hecho de la evasión y quebranto de la prisión decretada, disponer la

persecución de este nuevo hecho delictivo. Se decreta la orden de busca y captura hasta que el mismo sea habido o se presente y elévese al Tribunal Supremo atenta comunicación participándole la evasión del referido procesado.

Pensé, por un momento, traicionar a Nano y confesar, bajo declaración jurada, sus intenciones, por si ese gesto pudiera evitar una pena mayor. Hice los supuestos más disparatados para que él se librase de todo. Pasé la noche más oscura y sofoqué con oraciones el temor de que fuese descubierto durante el viaje; de que algún policía, al amparo de la Ley de Fugas, descargase su pistola sobre el cogote de mi hijo. Pero la suerte se puso de nuestro lado. A esa misma hora, él estaba cruzando la frontera con Andorra. Y, al llegar allí, su pasaporte coló. Hizo noche en el cuarto de Javaloyes, que se prestó a darle cobijo, y durmió sobre un suelo de baldosas que fue lo más parecido a una fiesta. Mejor que una fiesta: fue el descanso, el reposo, la partida ganada.

Al día siguiente, pasó a Francia sin necesidad de dar explicaciones ni ceder documentos y, horas después, tal y como estaba previsto, se encontró con Caterina en el vestíbulo de la estación de Montpellier. Se había acabado el Valle de Lágrimas. Los dos prófugos se abrazaron y subieron a la misma tabla. Celebraron la lealtad, y viajaron en autostop hasta Roma. La felicidad y la libertad ya caminaban, como ellos, de la mano. Así, mi hijo entró en Italia. Y allí, empezó el periplo más largo –larguísimo– de todos los que iban a marcar, para siempre, su vida. Para mí, en cambio, empezaba otra época de soledad. Unos años en los que abrí los brazos y dejé marchar a un hijo que, dentro de muy poco, iba a ser el claro reflejo de su época y de su literatura, aunque en septiembre de 1964, recién estrenado el exilio, solo fuese una réplica a la española de los intelectuales franceses.

Mi hijo y Caterina se instalaron en Tellaro, un rinconcito de la costa de Liguria al arrimo de los distintos miembros de la familia Barilli, que veraneaban allí. El pueblo, refugio de pescadores, era un escenario delicioso, rural y sin vanidades. La zona contaba entonces con una increíble prosperidad, salpicada por la frescura de camisas de verdadero hilo, pantalones de auténtico tergal y coches no populares en cantidades industriales. Tellaro fue el perfecto compás de espera. No hubo para ellos muchos sitios tan fértiles como ese. Y, sin embargo, a los pocos días, dejaron atrás las cosas de La Spezia, debido a un luctuoso acontecimiento. Palmiro Togliatti había rendido el alma y quisieron asistir al entierro celebrado en Roma. Para mi hijo aquella coyuntura fue impresionante. Quedó sorprendido por los puños en alto, por los discursos de la Pasionaria, por los claveles y pañuelos rojos, por las músicas de Mozart, por las estampitas listadas de negro, por las dos mil coronas de flores, por el millón de personas que acudieron a la cita. El entierro de Togliatti era como una de esas *sconfinate* llanuras holandesas en las que los tulipanes se suceden hasta cubrir el horizonte. Se alegró de haber vivido ese momento por el espectáculo, de gran belleza, y por lo instructivo de las reacciones políticas.

El proyecto de volver hacia Tellaro se desvaneció a consecuencia de la seducción de la Ciudad Eterna. Tras el mar de Tellaro, estaba Roma. Y eso era todo. Allí, los dos volvieron a la casa familiar de Caterina, al lugar donde se habían conocido. Y, en el semisótano ajardinado del *palazzetto* de Via Canobi, sacaron de la nada su primera casa de verdad, pequeña y húmeda, que se convirtió en posada de jóvenes antifranquistas. Con mucha creatividad y muy poco dinero, lograron construir un pequeño reducto de felicidad lleno de cachivaches, libros, pipas, gatos y abundantes botellas de vino *dei Castelli Romani, y* en el que luchaban por conquistar el tiempo y la soledad. Él y Caterina gastaban en libros y en discos lo que ganaban, iban al cine con frecuencia, recorrían las calles y callejas de aquella fabulosa ciudad, escribían cartas, alimentaban sus necesidades intelectuales y su capacidad de diseñar infinitos proyectos y, por supuesto, seguían con fruición los viejos consejos: oír la música, mirar los cuadros... Nano se pasaba el día leyendo. En poco tiempo, repasó a Homero, a Cervantes, a Mark Twain... Y alumbró una biblioteca en la que no faltaron ni Aldous Huxley, ni Herman Hesse, ni Mircea Eliade, ni Ernest Hemingway, ni Rudyard Kipling, ni Fiódor Dostoyevski. Y en una hogareña tarde de sábado le dio por construir su propia librería. Compró tablas, clavos y listones, empuñó el martillo y las tenazas y durante varias horas blandió los instrumentos con la exageración que le caracterizaba hasta que obtuvo una biblioteca caprichosa, destartalada, personal y llena de aristas.

Al tiempo, consiguió un puesto de profesor y lector en la Universidad de Pescara, donde podía pontificar y suprimir las tradicionales barreras entre profesor y estudiantes.

El sueldo era simbólico, pero, en compensación, todas las lecciones se daban en un día, de manera que, a pesar de los engorrosos desplazamientos, pudo seguir viviendo en Roma, donde organizó sus esferas de relación y ocupación, que se extendían progresivamente, y donde comenzó a sacudir la desesperada nostalgia de una España que era entonces uno de esos países donde lo esencial se identificaba con lo accidental. También conoció y trabó amistad con Rafael Alberti y María Teresa León, exiliados como él y dueños de un piso en el Trastévere.

Dos meses después, obtuvo un puesto de investigador universitario en Roma, con sueldo de Estado italiano (ciento cuarenta mil liras al mes), y un trabajo excelente en la RAI, la emisora nacional pública de Italia, que fue una espléndida fuente de ingresos. Para sus micros y desde ellos transmitió una serie de *magazines* puestos en onda por cadenas sudamericanas. No solo escribía y leía las emisiones, sino que también se encargaba del montaje y la coordinación para triplicar su jornal. En una palabra: él se lo guisaba y él se lo comía, y también lo disfrutaba. La dirección técnica le resultó un cargo entretenido y le sirvió de puente para aprender un oficio, para liberarse de lo que, tradicionalmente, se consideró una frustración de los intelectuales. En las antenas de la RAI hizo críticas literarias y cinematográficas, entrevistó a las estrellas culturales del momento y presentó el semanario *Hoy en Italia,* creado para abordar la actualidad con los infinitos quebraderos de cabeza que ello comportaba. Así, por cosas de la sangre y asuntos del corazón, fue domando un empleo casi vocacional: el del periodismo. Se hizo con las tablas necesarias y, en recuerdo de su padre, retransmitió todo tipo de acontecimientos, desde combates de boxeo hasta la gala del Festival de San Remo, otro momento estelar para mi hijo. Allí se dio una circunstancia extraordinaria: la conjunción de un grupo de jóvenes que no buscaban éxito ni dinero, sino, simplemente, complicidad. En aquella gala saltó la chispa de la amistad entre Nano, Sergio Endrigo y otros artistas que estaban, como él, en la flor de la vida, doblando, más o menos, el entonces tormentoso cabo de los treinta años. Circunstancia extraordinaria: la de la conjunción de un grupo de amigos que con aquellas canciones no buscaban dinero ni éxito, sino, simplemente eso: amistad. Mi hijo presenció la grabación de un vinilo extraordinario en el que, además de Endrigo, colaboraron el pianista Luis Bacalov, el poeta y músico brasileño Vinicius de Moraes y el ya anciano, poeta y maestro Giuseppe Ungaretti. El título del álbum, *La vita, amico, è l'arte dell'incontro,* fue el mantra de una época en la que todos eran incapaces de envejecer y de volverse anacrónicos.

En los vertiginosos años sesenta, el teléfono rojo del mundo se negó a detener el envío de alertas para el cambio. Y yo, mientras tanto, me asomaba a la vida de mi hijo desde la torre mayor de sus cartas, que nunca eran suficientes para mí y que dejaban, entre una y otra, un silencio tan largo como un invierno. Eso me sumía en un estado de ánimo ciego por la perpetua nostalgia, incapaz de burlar el abismo kilométrico que nos separaba. Algunas noches, al acostarme, pasaba por su cuarto y lo imaginaba tumbado en la cama.

Roma intensificó su relación con Caterina. Su cultura, su

inteligencia, su imaginación y, sobre todo, sus preocupaciones estéticas, artísticas e intelectuales, corrían en paralelo a las de Nano. Aquella fue una época decisiva para el recorrido y estudio del terreno intelectual, para el entendimiento de las relaciones humanas y la base de su literatura. Y, sin embargo, a mi hijo le faltaba algo. Algo que en Roma no podía encontrar, porque ya la aborrecía. En el mes de mayo la primavera italiana no había enraizado y Nano, de algún modo, la imitaba. Lo que un día fue país idílico hoy era, para él, un escenario aburridísimo donde solo cabía llevar una vida retirada. Percibía en la ciudad falta de humor y escasa organización urbana. Le exasperaba que en los bares se obligase a pagar la consumición antes de tomarla, el tabaco era pésimo, no existían tapas ni programas dobles, la comida era monótona, todo el mundo llevaba corbata, chalecos de ante con chaquetas de raja trasera y todos se retiraban a las doce. Para Nano, allí todo estaba aplastando los últimos vestigios de lo que fue una ciudad eterna y, aunque había numerosas excepciones, no podía negar que, a veces, le entraba una irritación y un poco de frívola nostalgia que escrupulosamente machacaba con un irracional optimismo hacia el futuro.

Una tarde dio un paseo por el centro, hasta la Piazza del Popolo, para solucionar algún fastidioso asunto sin interés y maldijo a los intelectuales de aquella ciudad, sentados en el café de turno, a las últimas cagarrutas de los abstractos en los escaparates de las galerías y el nerviosismo de la Navidad por todas partes. Una Navidad italiana que era una fuga nunca llevada a término, celebrada a base de fideos, peces, pavos engordados con *chewing-gum,* vinos de sabor a Lacteol y pegajosos turrones sin almendra. Todos pretendían hacer regalos, pero pocos lo conseguían, pues el regalo era para mi hijo consecuencia y no causa de la amistad. Europa y, por ende, Italia había muerto, en opinión de mi hijo, entre los brazos del mal gusto, de la tecnología, del progreso entendido como los contables y los ingenieros lo entendían, del esnobismo, de la falta de entusiasmo, del pujante cristianismo, de la decadencia del adorno y del juego.

Volvió al cabo de unas horas a casa, charló con Caterina y acarició a los gatos. En esas, descubrió que él ya no era el mismo. El ajetreo de aquella vida empezaba a aturdirle: demasiadas cosas, demasiados proyectos incumplidos, demasiados amigos entonando cantos de sirena a través del teléfono... El trasero le picaba cada vez más y no veía la hora de embarcar en un largo viaje, porque él, que no había pasado por cuatro procesos de cárcel, un cruce ilegal de fronteras y un exilio para matar el tiempo en Roma, necesitaba escribir. Había perdido el miedo a lo que en sus primeras armas literarias consideraba error de novato y quería escribir una novela autobiográfica, con un toque de tradicionalismo. Pero en Roma le era imposible escribir. Demasiados teléfonos, decía, demasiadas falsas posibilidades, demasiados amigos, demasiada rabia. Justificaba ese tedio y sus ganas de huir explicando que existía el Hemingway capaz de escribir dos perseverantes horas al día y el Henry Miller que se sentaba enfebrecido a la mesa, tecleando como un poseso durante veinticuatro horas consecutivas. Nano admitía el clasicismo del primero, pero compartía el barroquismo del segundo, y quería escribir como él: catorce horas diarias hasta poner la palabra *fin.* Así nació su primera novela. Así iba a nacer la segunda. Convencido de sus manías, de que el oficio y el conocimiento de la lengua no bastaban para que la literatura no fuese una máquina tragaperras, quería añadir una cosa, su escritura. Pero en plena crisis apareció Jacobo Muchnik, un editor argentino, con la propuesta de escribir un libro sobre una grande y libre serrana patria. Aceptó y emborronó doscientas páginas con uno de sus más apasionados frenesís: el universo español. Este entusiasmo desembocaría, ya en 1967, en la aparición de *España viva.* Con todo, los elementos se desataron y tuvo un arrechucho de nostalgia que casi lo llevó no a la tumba, sino a las mazmorras de la Puerta del Sol.

El 2 de octubre de 1966, Nano cumplió treinta años. Treinta años que pasaron tan veloces como feroces. Todo el día me estuve acordando de él. Le envié, como regalo, dos discos de vinilo: *La Revoltosa* y *La verbena de la Paloma.* Y le pedí, por ser su madre, que se aferrase a la sensatez para consolidar el porvenir brillante con el que yo soñaba. Pero eso no iba con él. La vuelta a las aulas y a su puesto de profesor tras las vacaciones griegas coincidió de pleno con la revuelta estudiantil que fermentaba en Italia. En 1966 había aparecido en Milán el *Mondo Beat,* la primera publicación alternativa en Italia. Desde esa fecha, se fueron sucediendo las manifestaciones contra la guerra de Vietnam, contra lo que entendían como injusticias y contra los métodos de la Policía. Se consolidó un movimiento estudiantil caracterizado por el asambleísmo, y el recurso a la acción directa que fue propagándose por todas las universidades. Fue el broche de oro, la salida triunfal de sus obligaciones docentes. Con él encerrado en las aulas, la Policía, en un control rutinario de extranjeros, pasó por Via Canobi para tomarle declaración. Al no dar con Nano, dejaron una notificación por medio de la cual se le instaba a presentarse en la Questura de Roma para regular su *permesso di soggiorno,* cosa que mi hijo no tenía. Cuando se personó en las dependencias de la comisaría y confesó no tener pasaporte, los guardias quedaron estupefactos, le dijeron que saliera por la puerta y que volviera al día siguiente con su documentación en regla. Con premura, acudió a la Embajada de España ante la Santa Sede, buscando la ayuda del entonces embajador, Alfredo Sánchez Bella, viejo amigo de la familia, que lo único que pudo ofrecerle fue un salvoconducto para volver a España. Contrariado, mi hijo se refugió en Corrado Augias, quien, a través de Partido Socialista Italiano, logró que las autoridades italianas le concediesen un *permesso di soggiorno* como refugiado político que le autorizaba a salir del país una sola vez. Nano tenía miedo a aburguesarse. De modo que estaba dispuesto a renunciar a todos sus contratos, a la estabilidad económica, al desayuno en la cama y a despedirse de todos los trabajos. Para eso había encontrado el ambiente adecuado: la isla griega de Samos. Nano compró una guía y estudió palmo a palmo toda la Hélade. Y, sin intención de desenfundar la lira, pero con la voluntad de descargar golpes en su máquina de escribir, decidió marcharse a Samos. Mi hijo, sin ingresos, buscó mecenas, creó una cooperativa para financiar su etapa de escritor y dio con tres fuentes: un profesor italiano, que le facilitó cuarenta mil liras al mes; Luis de Caralt, que le giró veinte mil duros en concepto de anticipo por los derechos de las traducciones y nosotros, que le prestaríamos hasta que terminase su paso por Grecia mil quinientas pesetas.

Nano invirtió sus escasos ahorros en la compra de un coche y, a bordo de un flamante Fiat 500, él y Caterina se lanzaron a recorrer Italia con el morro de su coche apuntando hacia Grecia como destino final, para pasar allí ocho, nueve o diez meses. Visitaron una Sicilia amenazadora de la que salieron corriendo después de conducir por su circunferencia en tiempo récord. Regresaron a Nápoles, donde se atiborraron de fervor religioso, niños con una eterna colilla entre los labios... Subieron también al Vesubio para asomar las narices al cráter, a uno de los paisajes más desolados de la tierra, y allí, tras muchos kilómetros, su situación se tornó angustiosa, ilegal como nunca. Sin el librito verde, no era más que un marciano. Y se dio cuenta de que debía iniciar la chapucera búsqueda del documento sin recurrir a las mil, *santas y non sanctas,* entidades. Nano, al entrar en Grecia, invocó a los santos padres de la picaresca y, al saber que estaban de su parte, se puso en marcha. Calculó que, en la Embajada de España en Atenas, el día uno de agosto, no quedaría nadie más que algún covachuelista. Y allí, tal como predijo, encontró solo a una persona; a un único hombre que, atareado, respondía por toda la delegación. Era un viejo canciller al que mi hijo, con explicaciones inverosímiles, convenció. De ese modo, sin esperarlo ni contar con ello, Nano obtuvo el dichoso, famoso y turbador librito verde. De ese modo, él y Caterina pisaron la tierra prometida: Samos, un peñote de ruinas, cabras, pesca a granel, solo dos hoteles para una población de cuarenta mil habitantes, gentes de antigua hospitalidad que abrían el corazón y las casas, y el mismo vino moscatel que aturdió a todos los sabios griegos. Estaban cerca de Lesbos, al lado de Rodas y a un tiro de piedra de la costa turca. Todo ello a bordo de su sorprendente 500 que, contra todo pronóstico, solo sufrió el percance de un pinchazo. Grecia supuso para Nano una decepción y una espléndida confirmación. Encontró la absoluta fusión entre un arte que desgastaba los adjetivos y una naturaleza que podía explicar, por sí sola, de pe a pa, toda aventura de la antigua Hélade. ¡Cuántas horas muertas pasadas sobre los libros de historia! El mejor regalo que mi hijo recibió de Grecia fue la cercanía y la tangibilidad de la historia. De una historia madre de la historia, de una historia que para él se hizo mito, leyenda, arte y, sobre todo, tragedia.

Para Nano, Turquía resultó valer más que una misa: tres concilios con la plana mayor del Vaticano. Bulgaria o, mejor dicho, Sofía le regaló un escalofrío al cruzar por primera vez el telón y muchas sorpresas. Allí el socialismo era un valor adquirido que no se ponía en tela de juicio, casi un hábito y un reflejo inevitable, como lo debe ser el capitalismo en los Estados Unidos.

Sin escribir su novela, mi hijo se llevó de todo aquel periplo el dulce recuerdo de un absurdo paraíso anterior a Eva y la manzana, de un lugar donde no imperaba la geométrica norma del *homo homini lupus*.

Al término del viaje, ya en Roma, reapareció en su vida Fernando Ariel del Val, que llegó a Roma para instalarse un tiempo en Via Canobi. La primera noche, durante la sobremesa, les sorprendió con jugosas noticias: a su padre, profesor en Madrid por aquel entonces de los cursos para extranjeros organizados por la Facultad de Letras de la Complutense, le habían ofrecido un puesto de lector en Tokio, pero no iba a aceptarlo. Nano entendió que era una señal. Solicitó y obtuvo los datos postales de la persona que había hecho la oferta, presentó su candidatura y se le concedió la plaza. Sin el estímulo suministrado por la lectura del novelista Osamu Dazai, seguramente jamás hubiese optado a ella.

Y mientras Fernando lo contaba, Caterina irrumpió en la sala para decirle a Nano que estaba contenta como un pajarillo, y mi hijo se dio cuenta de que compartía su alegría. Aquel fue un gran día para ellos. Mi hijo iba a mandar a tomar viento fresco a la RAI y todo cuanto a ella se refería, incluyendo jefes, técnicos, secretarias y magnetofones. Renunciaba a la obligación y a las hieles del triunfo. Su decisión de abandonar la RAI fue heroica y ningún sentimiento de modestia le haría renunciar a este adjetivo. Mi hijo escribió velozmente una carta a la universidad para probar suerte y la bola cayó en su número. La Universidad de Lenguas Extranjeras de Tokio[1] le contrató como lector en 1967.

Dejó Roma y se trasladó al lejano Oriente para comenzar una experiencia importante, acaso una esquina decisiva de su andadura hacia la muerte.

1. Tokio University of Foreign Studies.

XI

EL CAMINO DEL CORAZÓN

> Cuando tengas que elegir entre dos caminos, pregúntate cuál de ellos tiene corazón. Quien elige el camino del corazón, no se equivoca nunca.
>
> *Popol Vuh*

El curso en Tokio empezaba el 17 de abril, y Nano y Caterina salieron de Europa quince días antes del inicio lectivo, pero con más retraso del esperado, debido a la defensa que ella tuvo que cumplir para aprobar su tesina de licenciatura en Roma. En el momento de la partida, a mi hijo le entró una llantina tan grande como la que había agarrado, varios años atrás y en un cine, al ver la película *Cimarrón.* Caterina, que aguardaba junto a él, quedó sorprendida, e incluso aliviada, al comprobar que su amor también sabía deshacerse, como un niño, en pucheros y sollozos. Aquel era el viaje. Gracias a la inquietud geográfica de Nano comprendí la dimensión iniciática de los viajes.

Antes de llegar a Tokio, recalaron en un infinito número de países. Y Egipto fue la primera parada. En el viaje hasta El Cairo, Nano y Caterina se comportaron como dos principiantes que quedaron extasiados al ver cualquier novedad. El Egipto de los años sesenta, libre todavía de las hordas turísticas, era una ciudad pestífera y salvaje. Imagino a Nano y a Caterina caminando por las calles provocadoras de El Cairo, enamorados, abrazados, bromeando, sintiéndose vivos. Y también riéndose de todo, y de ellos mismos, como hicieron en el aeropuerto de El Cairo, un par de horas antes de coger el avión que los llevaría a La India.

En el vuelo hacia Bombay, mi hijo experimentó la inquietante sensación de perder dos o tres horas de sueño en el salto de meridiano. La Air India les rodeó de atenciones originales para dos europeos. Dos horas después, amanecieron sobre el océano Índico y, en un abrir y cerrar de ojos, la pista de aterrizaje se precipitó contra el morro de su avión hasta que la frontera entre Bombay y el océano se convirtió en algo neto y decisivo. Nano contempló por la ventanilla el mar y las olas, y vivió una experiencia nueva. Nunca había visto una costa que tan bruscamente separase el agua de la tierra. En el aeropuerto empezó la magia. Una bronca bofetada de calor les anunció que habían llegado a La India y el vértigo de los primeros pasos acababa de nacer.

A orillas del Ganges, atisbaron a leprosos y mutilados que extendían sus muñones hacia los que acudían desde todas las partes para extasiarse con el río sagrado. Y aunque todo era pavoroso, aquel horror no resultaba nuevo para mi hijo. Él sostenía que también en esa patria los ciegos españoles seguían pregonando los iguales. Aquella realidad los mantuvo maravillados, capaces de asumir la mortandad de las calles para relajar la tensión interior y comer todas las exquisiteces gastronómicas que les ofrecían por la calle.

En esa tierra virgen, Nano aprendió que los indios creen vivir cotidianamente rodeados por lo perpetuo, sin un pestañeo, sin un gesto de imposible temor. Él, que había pasado sus treinta primeros años en una ininterrumpida sucesión de interrogantes, comprendió que una de las principales causas de su ira hacia los contemporáneos residía en la falta de entusiasmo que percibía a su alrededor. Y en la India no había tal cosa. Se convenció de que, si la más alta forma de existencia estribaba en esforzarse por hacer las cosas bien, los indios eran los únicos santos de aquella época porque todo lo hacían con el frenesí que procede al apocalipsis.

En la costa de la ciudad de Puri, dentro del Golfo de Bengala, visitó el templo tántrico de prostitución sagrada de Konarak y vio allí tallada su eterna libertad y promiscuidad. También exploraron las cuevas de Elephanta, donde recuperaron el estrecho contacto con la vida, y escucharon de cerca los silbidos de las cobras, y acariciaron las cabezas de los niños, y bebieron las naranjadas callejeras, y acudieron al Parque de los ciervos de Sarnath, donde Buda predicó por vez primera.

En Nueva Delhi conocieron a un motorista de cuerpo anguloso que, lejos de seguir el camino que ellos habían propuesto, consiguió endosarles otro. De vez en cuando, en sus diabólicas caminatas por Delhi, el guía se tumbaba, les obligaba a imitarlo, agitaba en el aire las piernas y después se abalanzaba sobre las de Nano, propinándole fortísimos golpes con el canto de la mano. Trataba de reactivar la circulación para proseguir el avistamiento de tigres de Bengala. Se despidió de ellos en la puerta principal de una antigua fortaleza inglesa, cobró una exigua cantidad, puso la mano sobre el hombro de mi hijo y le preguntó: «¿Eres feliz?». La India le mostró inesperadamente la felicidad de las antiguas emociones. Mi hijo, sin modificar la realidad, estaba enriqueciéndose de ella. Estaba moviendo los pies y abriendo los ojos a una fe. Estaba convirtiendo su propia vida en material literario. Él, que de niño había soñado con tierras vírgenes y exóticas, estaba haciendo realidad sus sueños.

El último día, a falta de unas horas para tomar un avión hacia Katmandú, Nano se levantó a las cuatro y media de la madrugada, dejó a Caterina en la cama y recorrió, como una centella, los cinco kilómetros que separaban su Dak Bungalow de la orilla del río. Al llegar a ella empezó a salir el sol, las primeras luces del alba. Era la hora de la inmersión taumatúrgica. Y mi hijo, de pronto, se encontró envuelto en ese río. Fue el instante determinante de su existencia. Cuando regresó al aeropuerto para encontrarse con Caterina, llegó un hombre completamente diferente al Nano pragmático, positivista, racionalista, intelectual y occidental que había llegado allí dos días antes. La India le curó de una ausencia que empobrecía su espíritu. A partir de entonces, nada fue lo mismo. Benarés fue un descubrimiento sin precedentes. Allí se asomó al firmamento y reconstruyó todas las constelaciones que no había vuelto a ver desde su infancia. La India fue su revelación interna, lo que le hizo creer en la más absoluta libertad humana. En aquellas tierras, Nano descifró un secreto universal: quien creó la libertad humana, decía, colocó también una barrera: la naturaleza. Después, el hombre mismo se tendió una nueva trampa: la sociedad. La sociedad que nos han legado, claro. Bastó un segundo vivido bajo la hipnosis oriental para que mi hijo entendiese que por cada estrella que se bautizaba, por cada árbol que se convertía en hogar, por cada continente que se civilizaba, algún hombre en algún lugar del mundo levantó un capitolio político envenenado para la humanidad. Comprendió que, mientras todo funcionase así, nadie llegaría a ninguna parte, porque nadie conservaría su niño interior, porque todos serían egoístas, y por eso ninguna guerra podía morir en un par de semanas. Fumar, beber, escribir... Nada es anormal. Pero había que hacerlo siempre, sin prisa.

Desde Benarés volaron a Katmandú en un *Fokker* que tardó dos horas en tomar tierra. Fueron, quizá, los primeros colonos *hippies*. El hachís y la marihuana eran gratis, pero no existían ni las comunas ni los melenudos. Allí aguantaron las lluvias de polvo y durmieron a pierna suelta bajo un techo atestado de salamandras. Y recorrieron, además, Kabul, Lahore, Tailandia, Hong Kong, Singapur y Malasia hasta que llegó la hora de irrumpir en Japón, de empezar un periodo feliz, doloroso, tenso e intenso a partes iguales.

En Tokio se instalaron en el distrito de Ikebukuro, uno de esos barrios característicos del Japón que proliferaban en torno a las estaciones del suburbano. Allí encontraron un apartamento de estilo nipón: suelos de junco y finísima estera, ventanas y puertas corredizas, paredes de papel, aseo de madera y bañera de tinaja. Como el de Padua, aquel domicilio tampoco tenía muebles. Comían, dormían y vivían sobre el tatami.

Tokio todavía era una ciudad de edificios bajísimos. Ni en el cogollo del centro, donde la mayor parte de los bloques solo levantaban una o dos plantas, se encontraba nada que sorprendiese. Todo el mundo vivía en las afueras, a una o dos horas de distancia, y a él le bastaban veinticinco minutillos para llegar a Ginza, que era el barrio de postín, la Gran Vía de aquellos andurriales. Nadie se atrevía a negar allí que los espectaculares índices de desarrollo de la década de los sesenta tenían un estrecho parentesco con el drama del Vietnam.

El frío daba achuchones y no tenían más remedio que abrazarse a una potente estufa de gas. Por si fuera poco, había que dormir en el suelo, sobre un colchón que, a juzgar por su delgadez, parecía afectado de tisis galopante; el tatami, o esterilla de paja, que al principio hacía las delicias de los cavernícolas turísticos, luego se reveló tan gélido como la losa de un catafalco.

En ese Tokio no tardaron en llegar las meteduras de pata de mi hijo. La primera tuvo como *partner* al consejero de la Embajada Española en Japón. Este había convocado a Nano a las doce de la mañana para conocerlo. Era evidente que a mi hijo le interesaba quedar bien y cultivar la garantía de evitarse espeluznantes conflictos burocráticos. Así que empezó a acicalarse dos horas antes. Eligió un traje de lino blanco que había comprado en su primera visita a los almacenes chinos de Hong Kong y hecho a medida por Mackintosh –el que fuera sastre del duque de Edimburgo–, una corbata de Via Frattina, unos zapatos beige oscuro, un chaleco de discreta fantasía, una camisa de batista con puntiagudo y kilométrico cuello, unos gemelos de topacio mate y unos calcetines de la galería Rinascente. Dio el toque final con un pañuelo de seda de Benarés, que se asomaba al desgaire por el bolsillo superior de la chaqueta y que hacía juego con todo. Enjaezado de esa guisa, quiso gastarle una broma a Caterina antes de salir: se plantó una insignia de Mao en la solapa y fue a la alcoba para divertirla con el contraste. Se rieron y, luego, como era costumbre, echaron una parrafada sentados en el suelo. ¿Quién iba a acordarse así de Mao agarrado a la solapa? Él, desde luego, no. Durante la entrevista, Nano notó cierta perplejidad en su interlocutor. Solo al llegar a casa descubrió el cuerpo del delito y quince días después la vida plácida del país agitó los mandos. La realidad tokiota enseñó las patitas del control ciudadano cuando el Ministerio de Asuntos Exteriores recibió una nota, procedente de los servicios secretos italianos, por la que se informaba de la entrada en el país de «un peligroso activista político español, subrepticiamente contratado por la universidad». Nano se enteró de la existencia del papel acusatorio gracias a un amigo estudiante que a la vez era funcionario del Ministerio, y que decidió quemar el documento antes de que lo viera alguien más.

Era increíble lo fácil que resultaba para los extranjeros como mi hijo ganar dinero en Tokio. Por eso rápidamente se vio acosado por un nivel de superlativo trabajo. La situación económica se despejó. Mi hijo, además de ser profesor de Lengua, Literatura e Historia de España en la Universidad de Lenguas Extranjeras Gaigo Daigaku, daba clase de Historia del Pensamiento Español en la Universidad Todai y de Lengua Española en la Escuela Diplomática del Ministerio de Asuntos Exteriores Japonés. Cada mañana afrontaba varias horas de clase alargando la historia como podía. Y, curiosamente, recibió grandes laureles como profesor porque, pese a estar convencido de no ser un buen docente, se descubrió en aquellas clases como tal. Sus alumnos pertenecían a la difundida especie de la juventud y se quedaban en la luna de Valencia, eternamente boquiabiertos y con unas caras que para sí las quisieran los bandidos en los juicios.

Muchos años después cambiaría su opinión, pero en aquellos años sesenta los alumnos no entendían una palabra de español y su fama se extendía día a día. Tras las clases, volvía al hogar y Caterina se esmeraba en cocinar menús que muy pocas veces decepcionaban al paladar. Nano, en cambio, mataba las tardes leyendo a Mario Soldati, a Torquato Tasso, a Antón Chéjov, a George Orwell o a Francis Scott Fitzgerald. Y comprobaba cada día que el tebeo de Fu Manchú tenía razón: los occidentales provocaban un continuo estupor en Asia y esa era su varita mágica. Por eso, poco después, la NHK, la radio pública de Japón, le abrió sus puertas. Allí no solo lo aceptaron, sino que le convirtieron en uno de sus pivotes. Y trabajó como traductor y locutor del boletín de noticias y otros programas de onda corta emitidos en Sudamérica. También intervenía en las lecciones de español que la radio japonesa transmitía un día sí y un día no. Y, además, una radiocrónica empezó a enviarle fuera de Tokio, lo cual le dio la oportunidad de conocer el país tan a fondo como Italia. Hizo un primer programa especial desde Nikko, la fabulosa ciudad de los templos. Y también desde Osaka para cubrir un congreso de hispanistas, recorriendo seiscientos kilómetros de ida y otros tantos de vuelta, todo el mismo día, pero nada de aviones: allí funcionaba el tren más rápido del mundo, que viajaba a una media de doscientos por hora. Tres horitas a las ocho de la mañana, tres horitas a las once de la noche y a casa. También fue a Nagasaki para un programa especial, que estaba en la otra punta del archipiélago. Y fue desde Tokio, a inicios del 1968, cuando mi hijo, gracias a Manuel Cerezales, esposo de Carmen Laforet y subdirector de *El Alcázar,* publicó en el periódico varios artículos bajo el título genérico *Los marcianos están entre nosotros* y firmados con el nombre de su padre. Podría decirse, por todo eso, que mi hijo lo tenía todo, pero no era cierto. La serenidad japonesa, sus lluvias y su monotonía agigantaban, cada vez más, las ganas de aventura, de romper con lo común. Había transcurrido un año de estancia nipona y, como le sucedía siempre, Nano había encontrado la diversión en los primeros meses. Después, y en los sucesivos, no tanto.

Tokio tuvo muy pocas bondades para mi hijo. Allí, amigos, pocos. Todo el mundo se deshacía en gentilezas y prodigaba favores, pero nadie daba pie a confianzas. Por suerte, en el país conoció a varias personas de habla cervantina y trato afable. Un orientalista argentino, un aragonés y, sobre todo, un pintor trotamundos de Sama de Langreo. Este último, Guillermo, se convirtió en una figura clave para Nano. Fue su gran amigo, el único que tuvo en Japón, y el mejor compañero de viajes. Por lo demás, las faldas del Monte Fuji no se habían hecho para él y el clima era superior a sus fuerzas. Mi hijo veía la ciudad como una inmensa plataforma con estructura de colmena: centenares de pequeños barrios que repetían hasta la saciedad los mismos elementos.

Además, en Tokio recibió por carta la alusión a la boda de Adela con Rafael y la larga y sabrosa descripción de la misma. No era posible, para un Nano sumido en la rabia, que el Sarró de su primera, segunda y tercera juventud fuera a casarse con la mujer que una vez durmió en sus brazos. Revolcándose en el fango de lo que catalogaba como alta traición, mi hijo se preguntaba cómo podía haber hecho eso Rafa. Se le encogió el corazón al hacer cábalas de futuro, al adivinar un embarazo, al imaginar el rostro cansado de la chica de Torremolinos y su vida matrimonial. Él veía aquella boda, y las bodas de todos los que le rodeaban, como algo tradicionalmente premeditado. Nano tachaba de horrendo el amor divino expresado por un sacerdote durante una misa a base de latinajos. Y todas esas imágenes compusieron un cuadro, casi un olor, inmensamente triste. Cuando Nano se dio cuenta de que la vida estaba cambiando más rápido de lo que él esperaba, supo que debía escuchar las razones del corazón para seguir su camino.

***

En abril de 1968 comunicó a la universidad que *no pensaba renovar su contrato al terminar el curso,* dejó a los profesores de una pieza, rescindió su contrato con la NHK e inició con Caterina un viaje por todos los países de Asia para ser felices en lejanas tierras y para encontrar, con algo de dinero y mucha paciencia en la planta de los pies, lo que fuese: bombas en Vietnam, opio en Laos, galopadas de elefante en Camboya o danzas típicas en Bali.

Nano y Caterina desembarcaron en Seúl, en el sombrío puerto de Pusan, al amparo de la diplomacia que la capital mantenía con Estados Unidos. Pertrechados hasta los dientes por fabulosas máquinas fotográficas, filtros y teleobjetivos, llegaron a Corea en los últimos días del mes de abril, cuando los enfrentamientos entre el norte y el sur se estaban recrudeciendo. Poco antes, los francotiradores norcoreanos habían matado a dos soldados *yanquis* que patrullaban por la frontera. En pleno litoral salvaje encontraron la protección de un centro franciscano y de un grupo de misioneros islandeses. Les dieron techo, ducha y excelente comida. Todo ello gratis y gracias a las cartas de presentación de un obispo que les había recogido de la carretera, en una furgoneta, para llevarlos al obispado, obsequiarles con un suculento almuerzo, sacarles dos billetes de autobús y regalarles una caja de puros y un bote de tabaco de pipa. Y, además, el vicecónsul de España en Seúl les acogió con todos los honores: comidas en los mejores restaurantes, coche y guía a su disposición y botella de La Ina descorchada con chotis como música de fondo. A mí me llenaban de estupor los recibimientos que se le fueron dispensando a mi hijo. En aquellos tiempos no era habitual que un español viajara, por su cuenta y riesgo, a lo largo de ese rosario de países.

También recorrieron en autostop las provincias centrales de Seúl en las horas permitidas por el alto al fuego, que funcionaba desde las doce de la noche hasta las cuatro de la mañana. En la costa oriental coreana, se encontraron con el fortuito asilo de una comunidad americana protestante que puso a su disposición una suite de estilo oriental con jardín propio. Allí, Nano conoció a los miembros de un comando de las Naciones Unidas y con ellos acudió a una reunión entre americanos y comunistas celebrada en Panmunjom, en la línea de alto el fuego y en la zona desmilitarizada de Corea. Y desde esa franja, abriendo con su carné de prensa las más herméticas vallas de la región, viajaron, junto a un corresponsal de *Le Figaro,* a las islas de Quemoy, incesantemente cañoneadas por Mao, donde pasaron un par de jornadas al amparo y la invitación del Ejército de los Estados Unidos. Mientras tanto, en Madrid, yo me dedicaba a memorizar el Atlas que teníamos en Lope de Rueda para doctorarme en cuestiones asiáticas, a seguir sus andanzas en los mapas de la enciclopedia Durvan, a marcar con lápices de color azul las tierras que ya había pisado, y a trazar con minas rojas las rutas hacia las que podría dirigirse a lo largo y ancho de aquel paralelo 38 antes de que volviésemos a vernos en la vieja Europa.

En mayo volvieron a Japón. Sucios, despeinados, relativamente curtidos por el sol y más optimistas que nunca, recalaron en Nagasaki y Kagoshima para saltar luego a Okinawa. Allí existía una rígida dominación colonial estadounidense, que se valía del territorio como base de ataques armados contra Vietnam. Nano y Caterina presenciaron el movimiento popular contra el poder del Ejército y fueron testigos de las huelgas masivas y de las ocupaciones de fábricas y universidades por parte de estudiantes y trabajadores franceses. Y también recorrieron las playas de Okinawa y sus barreras coralíferas hasta llegar al archipiélago de las Ryūkyū. Recalaron en el enclave y antiguo emporio cristiano de Nagasaki seis días antes de que terminara la guerra del Pacífico, hicieron allí varias noches de parada, fonda y *ryokan,* y pasaron las últimas jornadas niponas propiamente dichas en el Finisterre, o casi, de Kagoshima, donde se atiborraron de *sushi,* sake y otras exquisiteces en la islita primorosa salpicada de templos, templetes, jardines y pabellones de ceremonia de té, y por fin, con nocturnidad y con el alma en un puño, pues terminaba allí, y así, una etapa crucial en el curso de sus vidas, se adentraron y acomodaron en el piso inferior de la barriga alfombrada con tatamis de un gigantesco paquebote que cubría a la sazón la distancia existente entre la ortodoxia de las tres islas principales del archipiélago japonés de las Ryūkyū. Días después, arribaron al puertecillo de un minúsculo enclave marino, Miyako. Allí encontraron un *minshuku* o casa de huéspedes económica y de riguroso y espartano estilo japonés. *Un lugar limpio y bien iluminado.* Así tituló Hemingway uno de sus relatos, y Nano se acordó de él al llegar a la isla de Ishigaki, situada más cerca de Taiwán que de Japón. Ese reducto era un microcosmos casi perfecto. Inmediatamente después de bajar a tierra, buscaron techo bajo el que alojarse, y dieron con un *ryokan* delicadísimo. En aquel *ryokan,* la historia se había detenido y alentaba el Japón eterno, el anterior a todas las guerras inútiles.

Mientras Nano jugaba a ser explorador, París ardía. La Universidad de Nanterre, la Sorbona y el Barrio Latino se habían llenado de barricadas y enfrentamientos con la policía en los días del *Mayo francés.* Pero Caterina y Nano discurrían por otros cauces. Si unos coreaban la consigna «bajo los adoquines está el mar», mi hijo llevaba a cabo su propia revolución recorriendo los más primitivos islotes, las rocas olvidadas por el resto del mundo y depositarias del más genuino folclore okinawense. Y tras su paso por las Ryūkyū, entró en Taipéi por todo lo alto. La embajada los recibió con la habitual gratitud y les invitó a cenar en el club de los diplomáticos, creando así una fuerte tensión, un desequilibrio entre el equipaje de un *hippie* viajero y la pulcra etiqueta de los comisionados. Nano, que solo llevaba en su maleta tres camisetas de cuello rozado, un par de *shorts* y unos pantalones gruesos, tuvo que recurrir a la generosidad del corresponsal de *Le Figaro,* con quien se habían reencontrado en la isla de Yagami. El periodista, que medía tres veces más que Nano, le prestó una camisa, una corbata y un traje. De manera que mi hijo tuvo que colocarse el cinturón a la altura de su pecho para no pisar el bajo de los pantalones. Nano estaba convencido de que los embajadores eran seres idiotas y demasiado melindrosos.

A finales de mes, volaron a Quemoy, donde las bombas de Mao Zedong ya eran puramente simbólicas y de ellas solo se desprendían papeletas con frases del *Libro rojo.* Allí pasaron dos noches. Después, el 30 de mayo, el santo de mi hijo, les alcanzó en el puerto de Kaohsiung, al sur de Formosa. La suerte estaba echada. Así concibieron a la que iba a ser su única hija, Ayanta.

Caterina y Nano estrenaron el mes de junio en Hong Kong, donde se divirtieron como nunca. Encontraron una ciudad dominada por Mao, atiborrada de americanos con carné de la YMCA[1] y de tiendas abiertas a todas horas. Perdieron la cabeza ante aquel despliegue de lujo y derroche despiadado. Aterrizaron en el aeropuerto de Kowloon vestidos como pordioseros y despegaron sin un céntimo en el bolsillo, pero provocando la envidia de los príncipes y demás gentes de alta alcurnia.

Además, en Hong Kong, quedaron sorprendidos por la fabulosa mezcla de razas y nacionalidades y por los grandes cartelones con el rostro serigrafiado de Mao que, expuestos en las entradas de los grandes almacenes, saludaban a los turistas en todos los puntos de la ciudad.

Luego, Macao. La primera y última colonia europea en China. Esa provincia de ultramar les pareció un puñado de tierra a punto de desaparecer. En ese país, mojaron los dedos en el Canal de los Patos y contemplaron la Porta do Cerco. A principios de julio, tomaron un trasatlántico rumbo a Manila, a un entorno casi rural donde escaseaban el agua, la luz y la medicina y donde, para hacer una simple llamada telefónica, había que estar agarrado al auricular no menos de un cuarto de hora. Si caían cuatro gotas, las alcantarillas se desbordaban y, sin embargo, la ciudad para Nano adolecía de un extraño encanto imposible de encontrar en otras leguas de Asia. Manila tenía, a finales de los años sesenta, abundantes vestigios e influencia de nuestra patria chica. La huella de los misioneros hispanos había calado en Manila. Las clases altas hablaban en castellano y las bajas entendían el idioma.

1. Young Men's Christian Association.

El país era también una alfombra mágica para viajar desde lo más parecido al desarrollo hasta lo más arraigado del Tercer Mundo. Caterina y Nano viajaron por el corazón de las aldeas y descubrieron los poblados de los llamados *igorots,* y vivieron varios días rodeados por esas tribus antiquísimas. Con la llegada de la primavera, los *igorots* tenían la costumbre de cortar alguna que otra cabeza humana para ofrecérsela a la novia. La Policía, que hacía la vista gorda cuando la víctima era de la misma raza, alertó a mi hijo del riesgo de ser degollado.

Una noche, Caterina y Nano se perdieron por una carretera oscura y sinuosa. Al doblar una curva vieron el titileo de los faros de un vehículo. Lo detuvieron, imploraron ayuda al conductor y este se la brindó. Se acoplaron en los asientos delanteros de la camioneta y a los pocos metros descubrieron que su chófer pertenecía al rango de los guillotinadores. Este les ofreció la posibilidad de hacer noche en su casa, y mi hijo, aunque sintió el picor del miedo, aceptó. Pasaron las horas encerrados en la habitación que les había sido concedida. Atrancaron la puerta e hicieron turnos de dos horas para vigilar. Mientras Caterina dormía, Nano velaba por su cabeza, y, mientras él reposaba, ella no perdía de vista la entrada ni las ventanas del cuarto.

Los *igorots* resultaron ser las personas más cordiales y hospitalarias que pudieron conocer en Asia. No hubo amago de decapitar a nadie. La esposa filipina preparó a los viajeros una tarta a modo de tentempié. Desayunaron juntos y Nano y Caterina quisieron corresponder a aquella familia que les había tratado con verdadero afecto. En julio dejaron Manila y llegaron a la isla de Zamboanga a bordo de un paquebote descascarillado. Y, mientras Nano colonizaba el mundo, yo desmenuzaba todos y cada uno de los peligros que se recreaban en mi cabeza.

En agosto, durante mi veraneo en Soria, dejé correr los días de ese mes. En plena guerra de Vietnam, mi hijo llegó a Saigón, arrasada por los ataques del enemigo y zarandeada por las operaciones militares del Ejército del Norte y del Vietcong. Desde allí cruzaron a Phnom Penh. En aquella época se podía cruzar la frontera en autobús, pero el miedo le obligó a tomar un aeroplano de la Air Vietnam que, tras veinte minutos de nubes, los lanzó al paraíso camboyano. La capital era pacífica y humilde. Allí se comía bien, se encontraban hoteles y autobuses con facilidad, apenas llovía y todo el mundo hablaba francés. Nadie especulaba con los precios, el jefe de Estado era un hombre honesto e inteligente y existía una sola ciudad con más de treinta mil habitantes. Además, allí estaba Angkor, el más fabuloso conjunto monumental del Oriente, con centenares de templos y bajorrelieves perdidos en medio de los bosques. Todas las mañanas, Nano y Caterina alquilaban una bicicleta y pedaleaban bajo el calor de los trópicos y las tormentas de la baqueteada estación de las lluvias.

El 6 de agosto llegaron a Siem Reap. Desde la ventana de su hotel se escuchaban conversaciones de niños, luchas de perros, chillidos de salamanquesas, rataplanes de bicicletas a motor y sonidos no identificados de pájaros inclasificables.

En septiembre recorrieron Laos por tierra, siguiendo el

curso del río Mekong, desde la provincia de Stung Treng, en la linde con Camboya, hasta Vientián. Fue un viaje muy arriesgado porque, poco antes, las huestes del Vietcong habían desencadenado la ofensiva del Tet. A medio camino, los norvietnamitas dispararon contra el desvencijado autobús en el que Caterina y Nano se desplazaban. Salieron del atolladero gracias a la divina mediación de la Pachamama, y arribaron a su puerto laosiano un día después de lo previsto, después de superar largos kilómetros, amenizados por aldeas lacustres, tiroteos de norvietnamitas, tigres y cerdos salvajes cruzando beatíficamente la carretera, comandos militares, soldados de Ho Chi Minh y comunistas del Pathet Lao. Al llegar conocieron la libre circulación del opio y, una noche, mi hijo dejó a Caterina en el hostal y se desbandó hasta un burdel. Allí hizo el amor con una laosiana y contempló, al fin, el amanecer desde un cuarto ajeno.

En Bangkok se toparon con el mal gusto americano. Aquel, para mi hijo, ya era un país como Japón, como Corea, como Hong Kong. Caterina y Nano visitaron el gran río y el mercado flotante, entraron en centenares de templos y peinaron sus jardines interiores. No tenía herramientas para desentrañar por qué le atraía esa ciudad en la que abundaba lo que más rechazaba... Parece que Dios, decía Nano, creó el mundo y luego llegó Bangkok para animarlo y para que él quisiera visitarlo por los siglos de los siglos.

En octubre habían recorrido ya muchos caminos. Pasaron por Malasia, uno de los países más ricos de Asia. Lo estudiaron en autostop y conocieron Penang, una ciudad de tranquila y antigua belleza, prima hermana de Macao. Y llegaron a mediados de mes a Singapur, que fue la única y verdadera decepción del viaje por los hurtos que el personal de los hoteles, de puntillas y aprovechando las horas nocturnas, perpetraba en casi todas las habitaciones. Con ellos, en la primera madrugada, hicieron una triple tentativa. Nano respiró al revisar el bolsillo secreto de su pantalón y palpar que todos sus dólares seguían a buen recaudo, pero estuvo a punto de sufrir una embolia en las coronarias al ver que la cartera, deslavazada y tirada sobre el escritorio, estaba vacía. Mi hijo no guardaba en ella billetes, pero sí algo infinitamente más valioso: su pasaporte. Recuperó la cordura y la luz de la esperanza gracias a su novia, que encontró el librito en el suelo, sobre un rincón de la alfombra. El ratero volvió a las andadas una hora después. Nano, con todas sus propiedades amarradas bajo el ombligo, vio cómo el espontáneo salió corriendo de la habitación, sin molestarse en cerrar la puerta. Caterina y Nano, que pensaron en denunciar, se confesaron incapaces de reconocerlo. La noche del robo fue la última que pasaron allí. Horas después, tomaron un avión rumbo a Yakarta, Yogyakarta y Bali.

En ese último destino, mi hijo conoció a Francesco Bartoli, que pasó a ser otra figura de mando en su nómina de amigos. Junto a él descubrió Bali, parada y fonda decisiva para el viaje. No pasaba un día sin que vieran a una u otra comunidad reunida en los patios de los santuarios para interpretar danzas de absoluta belleza y elegancia. Las familias quemaban a sus muertos en medio del jolgorio popular y llevaban luego la ceniza a la plaza dando vida a una ceremonia llena de equilibrio. Aquellos días inolvidables supusieron también el mayor despilfarro. Indonesia retaba al bolsillo con su buena artesanía y Nano nunca había sido alérgico a las tentaciones. Entre unos países y otros, los viajeros armaron catorce cajas de objetos para enviar a Via Canobi. No tenían un solo mueble, pero sí cientos de adornos para colocar en ellos. Quizá por eso Nano comenzó a sentir la necesidad de una casa, siquiera para dar techo estable a sus libros, a sus discos, a sus cuadros, a sus gatos. Y Soria era la ciudad que más a menudo se les venía a las mientes. La vida de mi hijo había empezado a ser tan rica en sensaciones, alegría, imágenes y conflictos que apenas quedaba tiempo para preocuparse por lo demás. En noviembre, tras una travesía digna de Phileas Fogg –cuatro mil kilómetros y veintiséis horas de ruta a bordo de trenes, coches, taxis y aviones– llegaron a Katmandú, donde se reunió con ellos Roberto Oest, el argentino que habían conocido en Tokio. Katmandú, epicentro y batiburrillo de todas las historias, fue otro de los cabos decisivos en la travesía. Allí encontró Nano otra clase de vida. Mi hijo caminaba, a sus treinta y dos años, sin rumbo por las calles de aquel paraíso para comprender que allí le estaban esperando las cosas más simples, pero capaces de determinar el cambio.

Nano peregrinó sin prisa por aquel Nepal y fue encontrando las mil caras del amor, del horror, de la vida y de la muerte. Lejos quedaban el Colegio del Pilar, la universidad, las sobremesas familiares y las trincheras del Mayo francés. Allí quedó casi todo olvidado cuando encontró algo que ya nunca podría abandonar y que siempre, en cualquier ocasión, en pareja, solo o con amigos, le serviría de alivio en la desventura y le ayudaría a pasar las oscuras noches del alma. En Katmandú, el viaje le estalló en las manos y experimentó en sus propias carnes el terremoto de la libertad y la felicidad: hachís. Mucho, muchísimo, hachís. Y la desinhibición de las lenguas, el ingenio, las fantasías, el humor, las ensoñaciones, el deseo, el amor, la ternura, el sexo, el sentimiento, la generosidad y la curiosidad. Mi hijo empezó a fumarlo casi todos los días y las jornadas discurrieron de noche en noche. En Nepal, mi hijo se sumó a la puesta en órbita del LSD y allí celebró su bautismo psicodélico. En la papelina encontró la llave del inconsciente individual y colectivo, la alfombra mágica, el potentísimo disolvente de neurosis, la consumición libre de sueños. El ácido le sirvió de catalizador, de detonador y de propulsor.

En el mundo se estaba produciendo la espectacular movilización de los *hippies* y mi hijo, por su cuenta, estaba abriendo el grifo de los efectos visionarios de su embriaguez sagrada. Junto a las drogas alucinógenas, Nano también percibió el primer chispazo del tantrismo y de la meditación como vía para alcanzar el nirvana. Queriendo emular los hábitos de los filósofos orientales, mi hijo buscó a Dios sin renunciar a los placeres del sexo libérrimo. Así, en Katmandú, abandonó la dimensión ordinaria de las relaciones y conoció su expansión.

A finales de noviembre, encontraron a dos *hippies* como ellos. Uno, Roberto Moscewicz, argentino. Y el otro, Alberto Porta, italiano y dueño de un Volkswagen Escarabajo que pasó a ser conocido como el *Indómito Volkswagen*. Con ellos, se adentraron en la zona más india de la India y visitaron las Cuevas de Ajanta y Ellora, un impresionante anfiteatro de gruta budista, hinduista y paria en un paisaje que, de hermoso, era estremecedor. Pasaron por Calcuta, y su efervescente actividad intelectual, y llegaron a Bombay. En aquella India, había algo de despotismo ilustrado que le daba un encantador ambiente. Allí se vivía en el incólume sentido del verbo: ponerse en relación con los demás seres vivos, llorar, reír, enfermar, morir, y, sobre todo, pensar.

Los viajeros cruzaron Goa, parte de Pakistán, Irán y Afganistán de punta a punta. En diciembre, al atravesar Kabul, sufrieron las consecuencias de las lluvias torrenciales. Una tarde perdieron el control del Volkswagen y este se hundió en una laguna de la ciudad afgana de Kandahar. Regresaron al lugar al día siguiente en el Land Rover de un escandinavo, y descubrieron que el automóvil estaba sumergido en el agua, irrecuperable.

A mediados de diciembre, le escribí la última carta. Para entonces, les quedaban alrededor de treinta mil kilómetros por delante, pero llegarían a Roma antes de las Navidades. Se la envié a Estambul. Eso ya era Europa, pero no Madrid. Recordé en aquel instante las últimas páginas de una novela de Jorge Semprún de 1963, *El largo viaje*. Yo pensaba en que Nano, tras cinco años de exilio, no volvía para pisar la fina estampa del Guadarrama, con sus pinos perfilados en el cielo de paleta velazqueña. Era Italia la última estación.

Un gran momento de su vida estaba a punto de cerrarse. La década prodigiosa había calado en su alma. Su estancia en Oriente le hizo entrar en contacto con alguna de las infinitas formas de belleza y arte allí afincadas. Ese otro mundo constituyó para él un deslumbramiento del que nacieron nuevas convicciones y el entusiasmo necesario para expresarlas. En Oriente comprobó que la belleza solía acompañar a un acto de conocimiento, a una piedra a añadir en la costosa edificación de la felicidad, del goce auténtico y profundo de las cosas. Y también en Oriente constató que un escritor necesitaba de lo bello precisamente para expresarse. En Oriente, el atracón de belleza le reveló la necesidad que el escritor tenía de otorgar a la belleza un papel de primera fila en su obra.

En Oriente aprendió a no emitir jamás juicios de valor sobre las cosas y las personas. En su opinión, solo el idiota comprometía su presente. Terminó el viaje creyendo que, si todos pertenecíamos a un sistema de fuerzas cerradas, eso quiere decir que una persona inteligente e intuitiva podía, a partir de una mínima verdad, reconstruir el universo. Y, así, él y Caterina tomaron en el mes de diciembre un mugriento vagón del *Orient Express* para volver a Italia. Ahora llegaba el turno de las cosas. Para él empezaba otra etapa.

XII

NEL MEZZO DEL CAMMIN DI NOSTRA VITA

Nel mezzo del cammin di nostra vita
mi ritrovai per una selva oscura
che la diritta via era smarrita.

Divina comedia,
DANTE ALIGHIERI

Mi hijo había envejecido durante sus caminatas orientales, y lo había hecho de forma casi inconsciente. Nano volvió convencido de que en la elaboración de un sistema de vida debía asignarse un papel importante a la belleza. Ya no le era sincero vivir por el cauce de una idea. Tenía que vivir, simplemente, sin adverbios ni complementos. A eso le llamaba él vida. Y lo demás era mentira. Tampoco quería ser tan tonto como para volver a las andadas, aceptando el sempiterno e insulso toma y daca de su triste Europa. No iba a meterse de hoz y coz en la RAI para poder llenar su casa de fascículos, de electrodomésticos, de alfombras y de aburrimiento. Había un niño en marcha, y, para mi hijo, bien estaba.

Caterina y Nano llegaron a Roma al inicio de las Navidades. La familia Barilli los recibió el día de Nochebuena y en la bienvenida hubo gestos sorprendidos, casi incrédulos. Angela, que nada sabía de la buena nueva, se llevó las manos a la cabeza al distinguir el abultamiento en su hija y miró a Nano con resignación.

Tan solo dos meses después, el 17 de febrero de 1969, nació mi nieta Ayanta. El parto se produjo en un hospital público. Viajé a Roma para reencontrarme con Nano y para conocer a la pequeña. Allí pasé largos días en el refugio de Via Canobi. Ayanta fue un ser de luz que heredó los arrestos de su madre y el perfil y la vitalidad de su padre. Ayanta, siempre discreta, fue su ojo derecho. Y él fue para ella todo lo que tuvo que ser: un padre. Una tabla a la que agarrarse, un pecho en el que consolarse y una mano amiga preparada para acudir en su ayuda.

Por la paternidad, mi hijo volvió a los hábitos de antaño. Había recuperado su Fiat 500 y empezó a vestirse como un ciudadano normal. Con el arbitraje de Ángel Sánchez-Gijón, que trabajaba como profesor de español en la FAO,[1] consiguió un puesto en ese organismo para impartir lecciones extra de Lengua y Literatura a todos los funcionarios que quisieran aprenderlas. Era dinero, sí, pero, en su opinión, la FAO le destrozaba la vida por someterlo a tres experiencias aberrantes: la de afeitarse, la de ponerse traje y la de anudarse una corbata. Además, la RAI le encargó la traducción de copiosos discursos del Che para las obras completas que presentaba Feltrinelli, y lo grave era que toda esa efervescencia no conseguía disipar su pereza y desasimiento.

Él había sido un hombre libre y ahora tenía que tragar con Europa. Mi hijo no estaba dispuesto a mantener por

1. Food and Agriculture Organization, es decir, la Organización de las Naciones Unidas para la Alimentación y la Agricultura.

mucho tiempo un trabajo de este tipo. Fue en la primavera de ese año cuando le volvieron las ganas de contar los ahorrillos y, a mediados de julio, partir probablemente hacia alguno de los tres ases que llevaba en la manga: el norte de África, Inglaterra o Nueva York. Ayanta, más guapa que Ava *Garden,* como decía Nano, fruncía las cejas, chupeteaba sus dedos, hacía denodados esfuerzos para hablar, aunque lloraba lo suyo y empezaba a despertar en Nano síntomas de eso que se llama *amor de padre.* De un padre que comenzó a acusar el debilitamiento de su relación con Caterina y el fastidioso peso de su vida en Roma. Para él todo iba mal en la ciudad. Nano se sentía en Roma como un león enjaulado y acumulaba agravios para justificar su postura de insatisfacción. Fue en esa época cuando Soria parpadeó en el recuerdo de mi hijo. Nano ya no podía buscar a Roma en Roma. Y en esa desesperanza se entretenía.

También se produjeron entonces huelgas en el correo italiano. Las cartas tardaban más de dos semanas en cubrir la distancia Madrid-Roma, y eso le devolvía a la época áurea de las diligencias. Trabajaba mucho y sonreía para sus adentros: la infumable tarea de traducir artículos para la FAO sobre el consumo de proteínas podía ser una barrera defensiva, una trinchera para los sueños, algo parecido a esos monosílabos que los monjes budistas repetían rítmicamente para olvidar las apariencias y darse de bruces con las esencias.

Fue la FAO quien arrojó, a finales del mes de mayo, el único atractivo para mi hijo. Pese al odio visceral que las regias vestiduras le inspiraban, él acudía a las aulas luciendo los trajes de dandi que había comprado en Hong Kong. En el fondo, le divertía esa elegancia capaz de llamar la atención de alguna mujer. Y así sucedió.

Un día, en una de las clases, apareció Novella, una funcionaria de la organización, hija de un general. Sin previo aviso, empezó a crearse entre ellos un flujo de recíproca atención e interés. Mientras pasaban las lecciones entre el resto de alumnos, coqueteaban y tonteaban. Una vez a la semana, Nano impartía las clases desde el laboratorio de idiomas, un habitáculo en el que él tenía un tablero de mandos, y cada alumno una cabina de mamparas de cristal. Así empezó a conversar con Novella sin que nadie pudiera enterarse. En secreto se veían, salían, cenaban en el restaurante *Il Trenini* y buscaban escondites para estar juntos, hasta que, un fin de semana, Nano quemó una de sus naves, excusándose con Caterina en un viaje de trabajo.

En julio de ese año, el hombre llegó a la Luna. Aquel acontecimiento los congregó, junto al escritor Alberto Lecco, en la casa de Angela, la propietaria del único televisor. Mi hijo pasó toda la noche en vela y, una vez concluida la farsa, dejó a Caterina en la cama y, sin decírselo, se fue a ver a Novella. En aquel amanecer terminaron junto a otros amigos bañándose, casi desnudos, en la fuente de *Piazza Navona.* Fue una jornada de vacaciones en Roma que le recordó los viejos tiempos y le animó a emprender, en compañía de Caterina y de dos compañeros de la RAI, Orazio Gavioli y Manuela Quadringher, un viaje de tres meses, todo el verano de 1969, por el norte de África: Túnez, Marruecos y Argelia.

En septiembre, embarcó en Palermo y llegó a Sfax. Pasó diez días en un revoltijo de civilizaciones y, sin embargo, el común denominador del país seguía siendo Roma. Pasó, luego, una semana en Hammamet que, en épocas irremediablemente perdidas, había hecho la fama de Capri, Ibiza, Corfú, Delfos y los restantes santos lugares de la hagiografía latina. Allí se arrulló en una lejana algarabía de voces francesas, italianas y alemanas. Ese escenario fue la plataforma de lanzamiento para emprender la conquista del desierto del Sáhara. Le esperaban las últimas costas del sur, la isla de los lotófagos, las ciudades subterráneas de Matmata, ya en las lindes de Libia, y, sobre todo, los oasis de Gabes, Gafsa, Tozeur y Nefta, calcinados por una temperatura constante de cincuenta grados a la sombra. Túnez para dar y tomar. Llegó pasadas esas paradas a Argelia y después, a finales de septiembre, a Marruecos. Pisó Tánger y divisó, desde allí, el litoral perdido años atrás.

Al regresar a Italia, Caterina descubrió el *affaire* de mi hijo con Novella. Quisieron simultanear las relaciones sin reparar en que su historia estaba ya herida de muerte y Nano, que no supo en ese momento reconducirla, se centró en su amante Novella y movió el cielo con la tierra para pasar más tiempo a su lado. Novella era íntima amiga de Liliana Cavani y legítima esposa de un dentista, dueño, a su vez, de una abadía llamada *Il Conventino,* situada en Mentana. Se lo prestó enterito y gratis a mi hijo para que viviera allí. Era un sitio fabuloso, a veintitrés kilómetros de Roma, con campos verdirrojos de otoño hasta el horizonte y un jardín vasto de hierbas y cipreses en torno a una capilla abandonada, un claustro recoleto, un pozo, dos pisos abundantes en salas, chimeneas, cuartos de baño, hiedra, estancias abandonadas y fantasmas con los que Nano llegó a un acuerdo de coexistencia pacífica.

Llevó allí mesa, cama, cuatro muebles, libros para varios meses, discos, nevera y algunos cuadros. Se marchó solo y Novella iba con él los fines de semana, cuando se quedaba libre de sus ocupaciones en la FAO. Y el resto del tiempo, mi hijo, en pocas palabras, iba y venía, se desesperaba por el siempre creciente e ineludible trabajo, hacía cálculos y cábalas, echaba a rodar su fortuna en muchas ruletas distintas y aguardaba el pleno que, inevitablemente, habría de llegar.

Mantuvieron la convivencia durante unos meses. Después, en diciembre, a Nano lo invadieron los remordimientos, el sentimiento de culpa de abandonar, por segunda vez, a su prole. Y, casi a final de año, se armó de valor: le dijo a Novella que no podía seguir así y que todo se acababa, que él quería regresar con Ayanta y Caterina. Aquella noche, la historia quedó tan sepultada como los miembros de la curia que, en el jardín de ese convento, dormían el sueño eterno.

En las Navidades de ese año, como cura de infidelidades, viajó por primera vez a Ámsterdam con Caterina. Pasaron las fiestas entre el humo de los porros de los *coffee shops* y probaron casi todos los restaurantes indonesios que había por allí. Despidieron los sesenta viendo la obra de teatro *Hair,* y dijeron adiós a todas las cosas que, al igual que esos años, estaban acabándose, como su relación, que iba destruyéndose a marchas forzadas mientras los dos huían de sí mismos.

Por debajo de estos conflictos, varias crisis, menores y mayores, minaban el terreno. En aquella época, Nano cruzaba guantes con todo aquel que osara negar lo que hasta la más miope de las sociologías modernas reconocía: que la salud mental dependía de la coincidencia entre lo que se quiere hacer y lo que se hace. Los médicos lo llamaban «estabilidad emocional», pero él prefería la vieja expresión de «simple y llana felicidad». Y para él no había nada más importante que esa virtud. Para él, el mundo lo inventaban los gustos propios, los recuerdos y los estados de ánimo.

En coherencia con esa opinión, Nano ideó nuevas posibilidades de viaje, se hizo con un Land Rover y lo puso en manos de un enjambre de mecánicos. Se puso en contacto con varios periódicos y editoriales, con la FAO, con la Unesco, empezó a pedir visados y a engatusar cónsules. Anunció su definitivo cese laboral dando brincos de alegría todas las mañanas. Y puso a Lope de Rueda al tanto de sus intenciones.

A sus treinta y tres años, a Nano le exasperaba que sus cartas dieran lugar a intervención de propios y extraños. Él contaba las cosas para que los demás las supieran, no para que las considerásemos como una especie de moción presentada a las Naciones Unidas y pendiente de voto. Pero la realidad era que, en casa, cuando recibíamos una carta suya, todos permanecíamos en tensión mientras duraba la lectura de la misma; una tensión que alcanzó sus cotas más altas ante el nuevo planteamiento de mi hijo: quería irse, a mediados de julio, rumbo a Oriente, con un Land Rover, Caterina, un amigo de Milán y cualquier espontáneo que no tuviera miedo a pasarlas canutas. El proyecto inicial era peinar Siria, Jordania, Líbano, Arabia Saudita, Yemen, Kuwait, Persia, Pakistán y la India. Allí fondearía durante un periodo impreciso que, según él, podría durar un par de meses o cuarenta años. Tampoco era imposible que sentase cátedra en Bali, donde le esperaba la invitación *sine die* de un amigo francés, o que metiera las narices en Camboya. Otras perspectivas probables eran las de echar raíces en los reinos tibetanos del Himalaya y Samarcanda, embarcarse en una travesía en velero por el Atlántico o la exploración con miras cinematográficas, y etnológicas, y musicales, y periodísticas de las Indias Occidentales. Una sola cosa tenía segura: no volvería a vivir en Italia. Nano quería iniciar camino con algunos ahorros y la mayor dosis de disponibilidad que jamás había animado a un ser humano a no perder su vida. Mi hijo no transigía con la norma de trabajar siete y ocho horas diarias ni en el barrio de Salamanca ni en las laderas del Mirón ni en ningún otro sitio. El dinero le traía absolutamente sin cuidado y, por eso, Nano, que sabía que los deseos frustrados eran peores que los malos recuerdos, estaba dispuesto a hacer de todo para atravesar fronteras y escudriñar mapas bajo los zahones de un cuatro por cuatro. Aquello entrañaba varios problemas: el primero y más importante era Ayanta. En su delirio y planificación germánica, sus padres la dejarían durante los tres meses del verano al amparo de su abuela italiana, que se haría cargo de ella. Luego, qué remedio, Caterina se vería obligada a volver para esperar que Nano se instalase en alguna parte del mundo, a menos que nosotros aceptásemos ser cómplices de su enajenación: pretendían confiarnos la tutela y el cuidado de la niña unos cuantos meses que podría pasar con nosotros en Lope de Rueda. Eso resolvía a Nano muchos problemas. En primer lugar, Caterina podría acompañarle todo el tiempo. En segundo lugar, con ese desorden, quedaban exentos de mantener en vida dos células familiares y los vertiginosos gastos que ello entrañaba. Y, en tercer lugar, Nano sostenía que así la joven heredera podría aprender a hablar y a pensar en castellano, aprovechando, según mi hijo, un periodo crucial para las raíces del lenguaje. Por eso, ante la petición de Nano, se irguieron dos barreras descomunales: la del qué dirán y la del nerviosismo de Guillermo. Por lo demás, Billy, concentrado en el arte de imitar a su hermano, celebró con satisfacción su postura quijotesca; mi hermana Susana tomó las cosas deportivamente, y a mí me hicieron falta algunos días para responder la carta con una negación. Aunque nadie, ni siquiera yo, podía intuir las modificaciones que mi hijo, en dos meses, sería capaz de llevar a efecto en sus planes, la perspectiva cada vez más cercana y plausible de imaginarlo en Asia, privando a su hija de un hogar estable, me parecía la mayor injuria contra las razones de sangre que enraizaron a la madre tierra de las familias desde que el mundo fue mundo. Pese a que los tiempos estuvieran cambiando, nuestra argumentación, repleta de avisos y asesoramientos, fue contraria a la suya. Desde mucho tiempo atrás, mi hijo había cumplido religiosamente lo de saltarse a la torera todo lo que nosotros considerábamos normal y seguía con su anormalidad, haciéndola cada vez más extensa. Solo había en su proyecto una causa de fuerza mayor para la renuncia: la posibilidad concreta e inmediata de volver a España le haría desistir en el mismo momento en que se produjera, antes o durante el viaje.

Y ya, en el último momento, hubo un cambio de planes y un fin para ese problema sin solución de continuidad. Llegó a pensar que era mejor el cielo de Madrid visto a través de una reja de Carabanchel que todos los tesoros abiertos al público de la Italia renacentista. Y sintió un golpe de tristeza porque, en el fondo, estaba muerto de nostalgia, de incorregible ansia por una tarde a la madrileña con sus radios vociferantes y su turbia humanidad por las calles. A falta de unos días, se impuso la cordura y la posibilidad de regresar a Madrid. Jugó sus cartas y empleó una noche entera en escribir una carta arrolladora y sincera al ministro de Justicia para solicitar el permiso legal de su vuelta a España. Mi hijo no pedía perdón, pero sí justicia y, con dignidad, se presentaba como un exiliado sin causa.

Roma, 7 de junio de 1970

Señor ministro:

Lo que sigue es una petición de gracia. No se me ocurre peor manera de empezar esta carta.

Soy madrileño, nací en octubre del 36, estudié Románicas en la Facultad de Filología, y durante mis años mozos anduve metido hasta la mandíbula en jaleos universitarios. O sea: en política. Sufrí un par de procesos rematados por sentencias de absolución o actas de sobreseimiento y el 30 de junio de 1964, después de pasar tres meses en Carabanchel y siete de prisión atenuada en mi domicilio, fui condenado a dos años de cárcel por un delito de asociación ilegal y a cuatro meses y un día por un delito paralelo de asociación ilícita. La primera parte de la sentencia se refería a mi intervención en una fatua, intangible e insípida Alianza Democrática Popular Española (ADPE), organizada en Roma, que nunca superó la celtibérica fase de charlas de café. La segunda castigaba mi presencia en la FUDE o Federación Universitaria Democrática Española. El 1 de agosto de 1964, pocos días después de recibir la comunicación oficial de la sentencia, opté por el exilio, crucé clandestinamente la frontera y me establecí en Roma. Lo demás es destierro. Permanecí en la capital de Italia algo menos de tres años, trabajando como lector en la Universidad de Pescara y como colaborador en la RAI o Radio Televisión Italiana en los programas destinados a Iberoamérica. A principios de 1967, me trasladé a Tokio contratado por el Gobierno japonés para enseñar Literatura e Historia de España en la *Tokyo University of Foreign Studies.* En 1969, tras un largo viaje por tierras asiáticas, regresé a Italia y me reintegré a mi trabajo en la radio, colaborando también en la FAO como traductor y profesor de español. En ello sigo. Durante todos esos años, y son ya seis, no he llevado a cabo ninguna actividad política por el simple motivo de que la política ha dejado de interesarme, lo cual confiere a mi condición de exiliado un pintoresco matiz de gratuidad y hasta de ridículo. No conocí la guerra ni las banderías que la originaron (aunque perdí en el alboroto a mi padre de forma tan fácil como ahora lo parece mi exilio). Durante mi permanencia en la universidad milité con ira y altibajos en la quebrada geografía de las doctrinas marxistas, de las que posteriormente me aparté. Hoy solo me interesan los aspectos individuales y espontáneos de nuestra especie, y a ellos dedico toda mi atención. No expondré aquí el proceso de mutaciones y revelaciones, la complicada alquimia personal que me empujó a tales posturas. Pero sí quiero hablarle de la tristeza, de lo absurdo de este exilio que ha perdido su razón de ser. O que nunca la tuvo. Sé que mis incursiones en la política fueron solo ganas de aventura. Un jovencito de buena familia, en el Madrid de los años cincuenta, no podía organizar safaris ni descubrir el Polo Norte. El único peligro que tenía a mano era la distribución de pasquines en el jardín de su facultad y los únicos enemigos que erguían en su horizonte eran los sabuesos de la Social. Y yo asumí aquel riesgo con tenacidad, alegría y entrega. La cárcel, los interrogatorios y la admiración de las chicas con faldas escocesas me divertía de lo lindo.

Vaya por delante y quede bien sentado que esto no es una declaración de arrepentimiento: lo de entonces y lo de ahora se corresponden y complementan, sacian una misma sed de realización estrictamente individual. No es tampoco una tentativa de quitar hierro a las acciones por las que fui procesado. He dicho ya que corrí la aventura política con obstinación y gozo.

Siempre me he sentido, dentro y fuera de España, español por los cuatro costados. Pero solo fuera he aprendido que lo español no se agota en el ejercicio de una nacionalidad, sino en una personalísima manera de enfrentarse al universo, y que esa irrenunciable (acaso disparatada) vocación filosófica pesa y obliga. Sobre todo, allende las fronteras. No quiero invocar argumentos patrióticos, pero le aseguro que a los españoles no les cuadra ningún tipo de exilio de migración o de extrañamiento. Los he visto en Asia, en Europa y en África, y siempre boqueaban, siempre respiraban con inquina el aire del extranjero. Hace aproximadamente tres años escribí por cuenta del editor argentino Jacobo Muchnik una guía de España para uso de turistas y, mientras la redactaba, empecé a entender o fui entendiendo muchas cosas. El libro, a pesar de las llamadas al orden del editor, terminó convirtiéndose en itinerario sentimental de un desterrado que daba las claves secretas para descubrir un lugar laberíntico y mágico, delimitado por las fronteras de la felicidad y de la infancia. Trucos de la sangre. Pero tampoco quiero jugar a mi favor la carta de la nostalgia. Ignoro si para beneficiarse de un indulto es preciso entonar *mea culpa.* Yo no puedo proclamarme franquista, falangista ni opusdeísta. No lo soy, como no soy comunista ni hombre de izquierdas ni nada que se le parezca. Hay, sí, un político (o, más bien, un flautista de Hamelin) cuyos puntos de vista comparto plenamente: el general De Gaulle. Con ello creo haberme definido. Cada pueblo debe encontrar soluciones en sí mismo, en las propias raíces históricas, culturales y religiosas. No existen fórmulas útiles para la urbe y el orbe. Ni siquiera la tan cacareada democracia (que, en España, para ser española, tendría que ser foral). Pero De Gaulle se ha retirado y yo también. No volveré a militar en partidos, facciones o grupos politizados de ninguna clase. En la convivencia me preocupa la libertad ética y estética, no los organigramas. Supongo que esto puede servir de garantía a efectos de indulto.

Señor ministro: deseo, necesito volver a España. Eso es todo. Llevo muchos años esperando hipotéticas amnistías, inminentes cambios institucionales, fastuosas coronaciones. Ya conoce usted el volumen semanal de bulos que nuestros compatriotas ponen en circulación. ¿Qué puedo hacer? ¿Aplicarme la copla de paciencia y barajar? ¿Rellenar formularios, cursar instancias, pegar pólizas? Las cosas de palacio van despacio y mi problema es de los que en poco tiempo llevan a darse de cabezadas contra un muro.

Siete años de envidias y esperanzas, de soledad y frustración: la deuda debería estar saldada. Y si así no fuera, queda (espero) la *pietas*... Y el sentido del humor: no solo soy el último exiliado, sino el único exiliado conservador que nuestra historia recuerda. En los últimos treinta años, claro...

Si no hay solución, si ni usted ni otros pueden hacer nada, si no queda más remedio que apechugar por las bravas con el resto de la condena, sea: volveré a Madrid para encerrarme entre barrotes, pero sería, me parece, un buen síntoma que no hubiera necesidad de llegar a tanto... Un buen síntoma para España y una gran jornada para mí. Señor ministro: perdone mi atrevimiento. Y, vayan como vayan las cosas, cuente usted con mi gratitud.

Los cambios iban a obligar a mi hijo a dar un paso al frente. Había llegado el momento crucial, y lo había hecho por pura casualidad y fortuna. Quiso el destino que la carta de Nano llegase al ministro, don Antonio Oriol y Urquijo, el día su santo, el día de san Antonio. Este, quizá por la buena voluntad de ese día, le respondió para concederle, con el beneplácito del Consejo ministerial, un indulto y animarle a regresar España e ingresar en Carabanchel porque, según la ley, solo se podía absolver a un hombre que estuviera en prisión y no exiliado.

Madrid, 22 de junio de 1970

Mi querido amigo:

Tu carta del día siete me llegó, precisamente, el sábado trece, día de san Antonio. La manera de empezarla no es, en forma alguna, como Ud. dice, «la peor manera» de hacerlo, sino, por el contrario, la mejor. Me ha interesado mucho lo que dice por cuanto pone de manifiesto una realidad siempre presentida por mí, y es que en gran parte la actitud de quienes, como usted, se vieron arrastrados a los «jaleos universitarios», en muchos casos lo fueron por motivaciones de índole personal propias del impulso que necesita aplicarse a algo. Desde luego, es posible su regreso a España. Ahora bien, para que pueda concedérsele el indulto es necesario: primero, que regrese a España, para lo cual, si carece de documentación, necesitará presentarse a las autoridades consulares en Italia a fin de que legalicen su situación ante este retorno. Segundo: al llegar a España es cuando se puede iniciar el oportuno expediente de indulto que se tramitaría con la mayor celeridad posible, pero no quiero ocultarle que en el periodo que transcurra desde su llegada a España hasta el momento de la aplicación del indulto particular debe permanecer a disposición del Tribunal sentenciador, es decir, constituido en prisión, si así este órgano lo estimara. A título particular, y con todas las reservas, quiero advertirle que esto podría reducirse a un plazo muy breve, ya que si usted me advierte cuándo llegará a España, tomaríamos las medidas precisas para tener en marcha el indulto y abreviar la propuesta de su concesión, que yo espero conseguirla. Si tuviera hoy más tiempo, le comentaría detenidamente diversos pasajes de su carta. Pero lo que sí se desprende de ella es que usted es un tradicionalista indudablemente, ya que afirma que «cada pueblo debe encontrar las raíces en sí mismo, en las propias raíces históricas, culturales y religiosas. No existen fórmulas universales. Ni siquiera la cacareada democracia (que, en España, para ser española tendría que ser foral)». Esto es en síntesis la doctrina tradicional. También creo le interesará conocer que el general De Gaulle ha celebrado una larga conferencia con el Caudillo; posteriormente, a un amigo mío le ha manifestado su asombro por la claridad mental que ha encontrado en Franco, a quien animó a que siguiera en su camino, por entender que era el más acertado.

Esperando sus noticias, reciba un afectuoso saludo.

Estaba hecho: mi hijo volvía a España. Solo por eso, merecía la pena echar el resto y apostar por la operación.

XIII

SORIA FRÍA, SORIA PURA

Miré los muros de la patria mía,
si un tiempo fuertes ya desmoronados
de la carrera de la edad cansados
por quien caduca ya su valentía.

Francisco de Quevedo

Al día siguiente, Nano acudió a la embajada con la carta del ministro y allí le dieron un permiso de quince días para pisar suelo español. Aterrizó con ese salvoconducto en Barajas y, tras siete años de exilio, se le saltaron las lágrimas al ver en la calle del Doctor Cortezo un rótulo renegrido por el tiempo en el que se leía «tahona». Durante las veinticuatro horas que le concedieron antes de ingresar en Carabanchel aprovechó para vernos a todos, para convencernos de que las cosas iban a cambiar y para zascandilear durante la noche. Se reencontró con viejos amigos y visitó el pub de Santa Bárbara. A la mañana siguiente, en el Ministerio, se sentó con una maleta y cuatro mudas en un banco al final del pasillo, frente a la puerta del despacho del fiscal. Era muy urgente que ingresara en prisión, porque aquel era el último Consejo de Ministros que iba a celebrarse antes de la suspensión veraniega. Allí, con esa premura, pasó horas y horas hasta que, a las dos y cuarto de la tarde, un funcionario le entregó la orden por la que se ordenaba su cuarta detención. Diez días después del ingreso en la cárcel, el ministro, en cumplimiento de su palabra, envió desde El Pardo dos motoristas a Lope de Rueda con una carta certificada:

Telegrama oficial

Presidente Tribunal Orden Público

En virtud a lo aprobado en el Consejo de Ministros a fecha de 24 de julio de 1970, se eleva y concede la gracia de indulto al penado, a efectos de la cual este Tribunal liquida la sentencia condenatoria y firma la libertad definitiva.

En Madrid, a 27 de julio de 1970

Nano quedaba libre de todos los procesos. Carabanchel se habían terminado para siempre. Durante aquel verano, mi hijo se reencontró con la España perdida y recorrió todos sus rincones junto a Caterina hasta que, en abril de 1971, decidieron instalarse con la niña en Soria, en un apartamento de la calle de El Collado que Guillermo y yo habíamos preparado durante todos los años de exilio. Nano llevó allí todo su bagaje, libros y fetiches comprados en Oriente. Crearon, en lo que parecía ser una intención fiable de sentar la cabeza, un hogar remendado con parches españoles y retales italianos, asiáticos y *africanoides,* pero la estabilidad de mi hijo duró poco. Lejos de cristalizar el revoltijo de su caja de Pandora en algo ordenado, a mediados de octubre, mi hijo recibió la llamada de su amigo Alberto Porta, que andaba perdido por Níger y le animó a ir hasta allí. Nano se lio la manta a la cabeza, dio un salto en el mapa, dejó mujer e hija en Soria y apuntó con el morro de un Land Rover hacia el sur. Recorrió con su amigo, el sin par Alberto Porta, dueño del Indómito Volkswagen, Argelia, el Sáhara, Níger, Alto Volta, Costa de Marfil, Senegal, Togo y Dahomey, Mauritania y El Aaiún.

Nano pasó tres días en Niamey, donde su proceso de tropicalización quedó completado a las pocas horas de estancia: pelo hirsuto, barba, ojos de fiebre, paso en zigzag y colgajos y rasgos marcados por el polvo rojo de la llanura. Nano vestía invariablemente sandalias, unos Levis que había comprado en Roma y una camisa en las ciudades, porque así lo exigía la Policía. Luego empleó dos días para llegar a Gao a través de cuatrocientos cincuenta kilómetros de pista paralela al Níger. Allí solicitó vía télex el visado que necesitaba para entrar en Mali y, sobre todo, para moverse por Bamako. El trámite tardó quince días en dar fruto y estuvo dos semanas tirado en aquella frontera polvorienta. Aunque Gao también era entonces una ciudad tranquila.

Luego, casi una semana en el desierto y el Sudán con recalada en el país de los dogón (Bandiagara, Sangha), donde exploraron a fondo la fascinante *falaisse,* donde la tribu elaboraba pacientemente su secular cosmogonía y se enfrentaba a los elementos con la simple fuerza de las manos. Allí hubo un único golpe bajo: la pérdida de la *Guide Bleu* del África Occidental. Tuvieron que avanzar a tiendas, pero no les importó. En todo ese tiempo, las comunicaciones con mi hijo quedaron interrumpidas hasta que, en noviembre, llegó a Mopti. No habían encontrado antes un solo lugar que ofreciera garantías postales, lo cual constituía el primer indicio africano: no estaban en Asia, las cosas no funcionaban, los esquemas románticos seguían en pie y el siglo XX brillaba por su ausencia.

En Mali, anidaron en el restaurante *Campament,* una institución con camas y mesas (y, a veces, duchas) que allí desempeñaba las funciones del *tourist bungalow* de la India, aunque ellos cumplían noche en las literas instaladas en el Land Rover, que hacía las veces de coche y tálamo. A las seis, Nano se lavaba los dientes con zumo de limón y desayunaba en el Petit Marché un enorme vaso de Nescafé y dos barras de pan. Los precios eran altos, pero la *hippie way of life* encontraba siempre trucos para ponerle freno. Se comía pollo, filetes de sabor pastoso, macarrones, tomates y naranjas. Escaseaba la Coca-Cola y *chi se ne frega,* porque el agua de cantimplora era fresca y jugosa.

El tiempo transcurría lento y solemne, es decir, no trascurría. Nano se sentía fuera de él, sumergido en una rara eternidad que Asia no le había dado o no supo encontrar. En Níger el calor era atroz, pero en Mali soplaba siempre una brisa seca y fresca que daba vigor, ganas de vivir y brillo a todas las cosas.

Bamako le pareció una ciudad simpática llena de árboles y de leprosos, cines al aire libre, mejillones traídos por avión desde París, lechugas importadas de Provenza y suaves discotecas para funcionarios del Gobierno. Recorrieron unos mil kilómetros, prácticamente sin carreteras, agua, ni nada. Juntos en la carretera, aprendieron una depurada técnica para hacer fuego, acamparon donde la noche les sorprendía y descubrieron paisajes vírgenes al conducir centenares de kilómetros por pistas invadidas por matorrales espinosos. Esa era la felicidad para Nano: más mundos en los que tumbarse sobre la arena por las noches, bajo un cielo estrellado, jugar al ajedrez, leer las obras completas de Camus y escuchar el parte radiado de la Emisora Nacional.

El tiempo también se detuvo cerca de la frontera entre el Alto Volta y Costa de Marfil. Allí encontraron cuatro chozas y un puesto de Policía: el último peldaño del África *mossi* en las mismísimas barbas del desarrollo. Cuarenta kilómetros más allá, les esperaba la sorpresa del agua de Evian y las gorras de plato. Era la fiesta de la cosecha y de la vendimia. El pueblo entero, unas cien personas, estaba borracho. Los vasos pasaban de mano en mano, se vaciaban y el ciclo volvía a empezar. Nano trasegó con fruición un par de litros de cerveza de mijo, ácida y picante. Se sentó al sol, fumó unas pipas de kif, flotó con ellas, se agarró a las notas acuosas y trepó con ellas a la copa de los árboles, como un globo de colores. Y después, de golpe, el infierno: Costa de Marfil, la Malasia de África con carreteras impecables.

Desde Abiyán, escribió varias cartas. Allí encontrar una mesa era difícil y los bares no eran recomendables en esa ciudad, casi la más cara de África y una de las más caras del mundo. Pero los precios de esa África fracasaban con quien, como Nano, pretendía viajar con santidad *hippie*. Y, de hecho, allí, *hippies* se veían muy poquitos: primera y notable diferencia con Asia. De todos modos, se arreglaba como podía y con estoica resistencia a las tentaciones. Dormía siempre en la litera del Land Rover y rara vez se dejaba arrastrar a los placeres de una cerveza fresca.

Justo allí, una noche, mientras dormían plácidamente, dos individuos les desvalijaron el coche. Abrieron tres de sus puertas y se llevaron maletas, enseres, billetes y hasta los últimos pantalones. Un contable italiano que habían recogido en autostop la pasada semana se quedó en calzoncillos y sin un centavo, y de esa guisa tuvieron que acompañarlo al día siguiente a la embajada, donde le concedieron un subsidio de dos mil liras. Nano perdió en la refriega su famosa bolsa de Cruceros Ybarra con todos sus zapatos, la mayor parte de las camisas, bastantes objetos de tocador y casi cinco mil pesetas en forma de carrete.

En Abiyán, a finales de noviembre, supo que el mundo estaba bien hecho. Mi hijo estaba dominado por un humor fantástico y casi irrepetible. Una parejita de italianos le había cedido su nido de amor con ducha. Gastaba muy poco: cinco dólares al día, de los cuales cuatro se le iban en *handcrafts* y gasolina. Comía cuscús en las plazas, se sentaba en el bordillo de las aceras, preparaba tazones de Nescafé sobre el guardabarros del Land Rover, se dejaba invitar, birlaba alguna galleta en los ultramarinos, se lavaba camisas y calzoncillos a fuerza de puños y ayunaba con frecuencia.

Desde allí se orientaron hacia Ghana siguiendo las pistas vírgenes de la antigua Costa de Oro: Togo y Dahomey; la incógnita Nigeria; Bangui y la República Centroafricana. Durante quince días, atravesaron el desierto y la sabana acampando donde la noche les sorprendía. África, a diferencia de Asia, no se había movido un ápice desde hacía milenios y bastaba aventurarse dos o tres kilómetros fuera de las grandes ciudades para encontrar sistemas de vida, costumbres, instrumentos y agencias prehistóricos.

Salieron de allí con la intención de establecerse en Nigeria por un tiempo indefinido, años, tal vez, pero al llegar, debido al reciente fin de la guerra de Biafra, les denegaron la entrada y tuvieron que volver hacia España a mediados de diciembre, cuando llegaron a Nuakchot sanos y salvos tras una semana de penalidades indecibles, y donde acometieron la pista transahariana que iba de Nuakchot a El Aaiún, Sáhara español donde no hubo problemas porque la Embajada Española anunció su llegada.

En paralelo, su crisis con Caterina se había vuelto insoportable. Habían entrado en la fatal rueda de tener infidelidades mutuas, en un clima de tensión creciente, de reproches de ida y vuelta. A mi hijo le enfadaba que Caterina hablara de sus amantes como si fueran genios. Ella leía sus cartas, a modo de revancha, como si fueran las obras del siglo. Por eso, porque ya no había quien saliera de ese mecanismo de trituración, decidieron tomarse unas vacaciones, darse un tiempo. Caterina regresó con Ayanta a Roma durante unos meses y Nano pasó varias semanas en Ibiza, en lo que era entonces la Meca de la contracultura. Allí, al calor de un ácido, fue diciendo adiós a Caterina. Después de tantos esfuerzos, después de tanta lucha y de tanto amor, mi hijo y la *ragazza* estaban condenados a no saber amarse nunca más. Todavía iban a vivir algunas jornadas en Soria, y aún quedaban unos meses antes de la ruptura.

En Soria, y sin excusas para emprender otro viaje, Nano

se reencontró con sus viejos amigos. Ángel Sánchez-Gijón, que había regresado a Madrid con su hija Aitana y su esposa Fiorella de Angelis, trabajaba entonces bajo la dirección de Ricardo de la Cierva en la redacción de un *Diccionario biográfico de la España contemporánea,* que iba a publicar la Editora Nacional con el fin de atraer a su sello a intelectuales disidentes y renovar su nómina de autores. Ángel, que sabía de las necesidades de la empresa y convencido de que Nano era el perfil que buscaban, le animó una noche, en los intermedios de una partida de póker jugada en su casa, a presentar un proyecto. En aquella juerga, mi hijo, que había leído poco antes *Recuerdos, sueños, pensamientos,* de Carl Gustav Jung, tuvo una revelación: se preguntó si existiría en las entrañas y almario de España algo que pudiera aproximarse a la religiosidad, al ocultismo, al esoterismo y a las emociones de un pueblo que tanto impactaron y por las cuales había sido zarandeado y revolucionado en Oriente, y presentó un proyecto de libro titulado *Manual de iniciación y esoterismo en la cultura española.* La editorial tardó apenas cuarenta y ocho horas en aceptarlo y extender un contrato temporal, de año y medio, para redactar ese libro, pagado con un sueldo de diez mil pesetas al mes en concepto de anticipo por los futuros derechos de autor. La editorial, que contó con él para la redacción de otros textos, también le abrió las puertas de los círculos literarios del momento. En mayo del setenta y uno, viajó a Estados Unidos para disertar sobre Historia de la novela española contemporánea en los cursos de verano del Bryn Mawr College, una universidad privada femenina de Pensilvania, donde compartió estrado con Miguel Delibes.

Durante la década de los setenta, Nano nutrió su pensamiento y conocimientos religiosos y reflexionó sobre el sentido de España. Tiró del hilo de la historia y se le vino encima, como el derrumbe de una casa, una bibliografía infinita, de casi cuarenta y cinco mil títulos. Y gracias a eso logró fijar la cabeza frente a la máquina de escribir. Aunque ese volumen nunca llegó a publicarse, su concepción fue determinante para llegar al que, años después, le iba a catapultar a las primeras posiciones del panorama literario a finales de 1978.

XIV

LA ESPAÑA MÁGICA

Historia, quoquo modo scripta, delectat.

PLINIO, Lib. V, cap. 8

Las Navidades de 1970 fueron las últimas para la pareja. Caterina había vuelto de Italia y Nano, recién llegado a España, se empeñó en tomar las uvas el día de Nochevieja en la Puerta del Sol. Arrastró al kilómetro cero a su mujer con otros amigos, y todos ellos quemaron la noche en el clásico festejo de fin de año en la casa de Jaime Chávarri, y que había invitado a mucha gente del mundo del cine y de la literatura para dar la bienvenida al setenta y uno. Allí se encontraron con un jovencísimo Javier Marías, el autor de *Los dominios del lobo,* y con Ricardo Franco y otras personas de esas esferas. Luego, ya tarde, cuando estaban decididos a ir a San Ginés a tomar churros con chocolate, mi hijo postergó el abandono de la fiesta cuando ya estaba en el rellano de la escalera al ver que la puerta del ascensor, que subía hasta el piso de Jaime, se abrió y tras ella apareció otra invitada que iba sumarse a la fiesta: Alicia Blanco, niña bien de Madrid, criada en el barrio de Salamanca. Buena chica, pero rebelde, un poco progre y suficientemente soñadora.

Bajo el dintel, Nano volvió la vista a Ángel, a Fiorella y a Caterina, y les dijo:

—Os presento a Alicia. Llega ahora al *sarao* y, como no conoce a casi nadie de aquí, me quedo con ella.

Entraron otra vez en la casa y se acoplaron al final del larguísimo pasillo. Allí, sentados en el suelo, estuvieron charlando hasta que, a las cuatro de la mañana, mi hijo acudió a la casa de Chicho Sánchez Ferlosio. Aquella noche, antes de irse, le pidió el teléfono a Alicia. Lo guardó en el bolsillo de su chaquetón de pana y el papel quedó olvidado.

Once meses después de aquel primer encuentro, Nano, que ya había vuelto a Soria con Caterina y Ayanta, recordó, en una noche de feroz crisis con la madre de su hija, a Alicia.

De Nano a Alicia

Soria, noviembre de 1971

Por primera vez en mi vida, encuentro un libro donde nada sobra, donde cada palabra posee la virtud esgrimida por ese santo budista segundos antes de expirar: es el Evangelio gnóstico de Tomás. No sé si mi carta se debe a su lectura. Lo cierto es que, a mitad de la música de Jimmy Hendrix, nubes moradas de la sobremesa soriana y regusto de morapio en el estómago, empiezo a escribirte.

Soy aquel de la Nochevieja, el barbudo provisional que acababa de volver de África y al que pasiones mal aplicadas arrebataron tu presencia en el agrio ambiente de la casa de Chávarri. Aquella misma mañana, entré por derecho en el año atravesando una experiencia que no sería prudente repetir por carta. Eso me distrajo un poco. Quise llamarte, pero las pasiones seguían requiriéndome. El 8 de enero viajé a Italia para hundirme con masoquismo y recochineo en la más puñetera crisis que por el momento me hayan propinado. Hice los bártulos, me vine a Soria y en ella instalé una casa y cenáculo. Era por mayo. Siguió un verano de lecturas, toros, castillos, quince días de amor, Ibiza, humo y fatales encuentros. En octubre, otra vez en Italia para repostar. Y Soria, ahora.

A lo largo de todos estos días, te he sentido como una presencia. Claro que presencias hay muchas todavía, en el mundo.

Pero la mayor parte de ellas son autónomas o me son ajenas, mientras la tuya me atañe directamente. Lo sé y no perderé el tiempo explicándote cómo. Varias veces he oído tu llamada, aunque otros problemas o naderías dispersaron su eco. He pensado en ti incluso con nostalgia. ¿Nostalgia de qué? En todo caso, con ganas. Te he recuperado por los caminos que me son afines. He vivido horas absurdas este verano, cuando se me iban los días leyendo en una hamaca camboyana, tomando el sol a la orilla del río o devanándome los sesos en las esquinas de esta casa grande y burguesa. Y tú aparecías frecuentemente entre insomnios, libros de Jung, crujidos de madera, fantasías en régimen de vigilia, desorden vital y sansaturios agazapados sobre los muebles. A mí esto no me ha pasado nunca ni con chica, ni con mineral, ni con deidad, ni con híbrido de cabrón y mona. Hace unos días fui a Madrid y respondió alguien que podía ser tu madre: estabas fuera. Anoche vi por casualidad el rostro de una cantante en un aparato de televisión. Una tal Gloria, guapa y triste. Se te parecía de forma algo misteriosa. Me invadiste y fue la gota de agua: te escribo.

Vida soriana. Me levanto a eso de mediodía y enciendo la calefacción. Es un trabajo regenerador. Veo arder los troncos y, poco a poco, el sentido de la realidad me vuelve entre olores y crepitares, el cerebro espabila siguiendo el incierto dibujo del fuego. Leo mucho: cada libro se convierte, sin prisa, en etapa de un itinerario audaz y a veces en llave de conocimiento. Escribo desordenadamente, pero con concierto. Música. Tímidos experimentos de rabdomancia, de alquimia, de libre asociación, hasta de brujería. De tanto en tanto, pero con juicio, alguna noche blanca en las tres o cuatro capillas que sirven cubas libres y discusiones a los iniciados de las tinieblas. Habitantes del invierno soriano y epígonos de la novela rusa: gentes extrañas, lunáticas, silentes, esquivas y cordiales, que bajan de las nieves y se pierden en ellas; lobos esteparios para los amaneceres de la ciudad. Los recibo sin que me pueblen, me visitan sin compartirlos. Porque las más de mis noches se van de otra manera.

Iré a Madrid a mediados de este mes.

¿Podemos vernos? ¿Podemos vernos antes?

Contesta o, si eres de esas que prefiere morir a empuñar la pluma, da alguna señal de vida. Preparo, tan sin prisa como lo demás, un nuevo y largo viaje a Oriente. ¿Quieres venir?

Salud

PD: No sé tu apellido ni tu dirección. Envío esta carta a mi hermana, que te llamará, te pedirá los datos necesarios y terminará de llenar el sobre. Aquí no hay teléfono.

Alicia, licenciada en Económicas y Empresariales, había pasado esos meses sin grandes cambios: mantuvo un puesto de trabajo en la compañía cibernética IBM, continuó con su vida familiar en la calle de Castelló y no se distrajo con ninguna historia de amor ni de pasiones conminatorias. La carta de Nano no esperó mucho para tener respuesta. Sus líneas la presentaban como una mujer accesible y desmontaron el bastidor de las vacilaciones. Estas brindaron a Nano el bálsamo para sobrevolar el derrumbe familiar de su torreón soriano. Allí, tener una correspondencia amorosa con Alicia le divertía, le despejaba. Escribirle era algo así como estirar las piernas o fumar un cigarrillo.

De Nano a Alicia

Soria, diciembre de 1971

Luego escribes, luego estás donde estabas: triste, libre a ratos, al filo de la neurosis, esperanzada y disponible. Tu carta ha sido también aire fresco. ¿Sabes que tengo unas ganas endemoniadas de verte? Ayer, leyendo tu carta, me agarró el impulso de ir a Madrid. Melancólica frustración: el coche, derrengado por los fríos y las nieves, no se puso en marcha. Hoy ando más tranquilo. Los dos últimos años me han enseñado a no caer en la trampa de la impaciencia. El vicio de la soledad me ayuda. Y enviarte cartas, por alguna misteriosa razón, también.

Aunque eso de la soledad es un decir. Ahora están aquí Caterina y Ayanta. Sé que la presencia de Caterina te produce alguna inquietud, pero es igual: insisto en que no hay relación que alicorte el dulce pájaro de la libertad. Todo está terminado.

¿Sabes otra cosa? Tengo aquí humos e infusiones que hacen volar, que transportan por el tiempo y el espacio transformando la realidad. Se enciende el sistema de alarma del cuerpo y este, de puro nerviosismo, funciona febril, elástico, ansioso, atento. Los colores son más incisivos, la realidad gana en perfiles. Trallazos de sexo, porque nunca se hace tan bien el amor como en esos días con ese vigor. Maldición... te deseo en este instante de alba y lumbre, estoy pensando en ti.

No sé si te llamaré por teléfono. Eso sí que me exaspera. Y además a tu oficina. Y además desde la telefónica soriana, con su chica de clavija, cazurra y socarrona, atizándome güipazos a través del cristal.

Ahora sé tu apellido y tu dirección. Eso me cubre las espaldas. Nada en tu vida afectiva. ¿Esto es una carta?

Puedes odiarme o amarme por ella. Ámame. Es una forma de estar contigo.

En las Navidades del setenta y uno, Caterina volvió a Italia a celebrar las fiestas y Ayanta se quedó con nosotros, en Lope de Rueda, mientras su padre iba y venía de Soria. Él pasó por Madrid durante los días señalados y aprovechó para verse con Alicia. Quedaron, en una primera cita, para comer. Mi hijo la invitó a tomar ostras en la cervecería de Santa Ana, pero sus pretensiones se fueron al traste enseguida. Se resarcieron luego con un plato de cordero asado, en un restaurante típico, ubicado en uno de los callejones próximos a la calle de Espoz y Mina. Vagaron después por la ciudad y Nano, que estaba viviendo entonces en la casa de Chicho Sánchez Ferlosio, propuso ir hasta allí. En aquel chalé de la Colonia del Bosque, los habituales constituían un grupo libre del que Nano formaba parte. Él, que tenía que pasar la noche en blanco para entregar a tiempo una serie de voces encargadas por Ricardo de la Cierva e incluidas en el *Diccionario biográfico de la España contemporánea,* se tomó una dextroanfetamina y llevó a Alicia a la zona más discreta de la casa: la habitación de las criadas. Durmieron juntos en una placidez compartida, libre de Caterina, que seguía en Italia, y de Ayanta, que se quedaba en Madrid, e invitó a Alicia a tomar ácido, el fin de semana siguiente, en Soria.

Ella aceptó y, además, se llevó un jamón de su padre, pescado en la despensa familiar poco antes de salir de Madrid. Los acompañó también Guillermo, el asturiano que mi hijo había conocido en Tokio, y llegaron los tres al Collado, a bordo del Dos Caballos, un sábado de invierno. Era la primera vez que mi hijo se encerraba con dos neófitos al mismo tiempo, pero la papelina no dio sustos. Pasado el trance, el domingo, antes de volver a la capital, recalaron en Valonsadero, cuna de la España profunda, y alcanzaron a probar, en una viejísima casa de comidas, las chuletas y las sopas de ajo que una mujer de pueblo preparaba sobre una trébede. Fue aquel viaje psicodélico una experiencia tan revolucionaria para Alicia que, ya sin Guillermo, volvió al fin de semana siguiente para repetirla. En esa ocasión, cuando ya estaban aparcando el coche en una de las plazas de Soria, dos policías de placa y pistola tamborilearon con sus nudillos en el cristal. En Soria, días antes, habían aparecido unas pintadas antifranquistas hechas por unos jóvenes. En las sucesivas redadas, el nombre de Nano salió a relucir. Y no porque él fuera el autor, sino porque se había convertido en una especie de gurú para aquellos chicos que frecuentemente subían a su casa a hablar con él. Sea como fuere, los policías detuvieron a Alicia y a Nano. A ella se la llevaron a una oficina, pero al descubrir que era hija de un general la devolvieron a Madrid entre algodones. A él, en cambio, lo esposaron, lo subieron a un *jeep* escoltado por Guardia Civil armada y lo trasladaron a su casa para hacer un registro. Tal y como ordenaba la ley, esa operación debía hacerse en presencia de dos personas. Nano vetó únicamente a una de ellas: a Emilio, un vecino del piso inferior que había tenido un pleito hereditario con mi segundo marido. A las tres de la tarde, no era fácil encontrar un sustituto, así que mi hijo transigió con lo que había. Tras la inspección, que duró apenas diez minutos, Emilio se acercó a Nano, le abrazó y le dijo:

—Aquí estamos para lo que necesites. Ten fe y ya verás como no es nada.

Y uno de los policías, ante la escena, farfulló:

—¡Hipócrita jesuita!

Desde ese momento, la actitud de los guardias hacia mi hijo cambió por completo. Ya sin esposas, se lo llevaron al cuartel, lo metieron en una celda y le explicaron que no podían hacer otra cosa, porque la diligencia aún estaba abierta y dos agentes especiales de la Brigada Político Social habían salido de Barcelona para cubrir el caso por orden de la Jefatura Superior de Policía de Zaragoza.

Los superintendentes no llegaron hasta las tres de la mañana. A esa hora, subieron al reo a una sala pequeña, donde se habían congregado todas las fuerzas del orden de Soria. Cuando mi hijo entró en el despacho con gran expectación, uno de los policías lanzó una fotografía tomada en la playa más solitaria de Taiwán y le dijo:

—Te podemos procesar hasta por propiedad de material pornográfico.

—¿Me puedo sentar? —preguntó Nano, echándose a reír por la acusación.

—Toma asiento y empieza a contarnos desde el principio —le respondieron.

Al cabo de unos minutos, al ver que mi hijo decía la verdad, lo frenaron y el clima cambió. El interrogatorio con flexo y bombilla blanca pasó a ser una conversación distendida. Los policías quisieron saber más de sus viajes y aventuras. Entres cafés y chupitos de coñac pasaron tres horas atentos a la historia. Luego, encandilados, sin que mi hijo lo esperase, confesaron:

—Te vamos a poner en libertad. Después de lo que ha pasado, no tenemos fuerza moral para hacerte un interrogatorio completo ni para dejar que te peles con el frío de la celda.

—¿Y qué es lo que ha pasado? —preguntó mi hijo.

—No sabes por qué estás aquí, ¿verdad?

—Imagino que por las pintadas.

—No, nada que ver. Te creíamos más astuto. —Siguieron con ese cruce de pistas hasta que Nano, que empezó a hacer cábalas, exclamó:

—¡Tate! ¡El vecino de abajo!

—Exacto —le confirmaron—. Lleva denunciándote desde hace meses por todo lo humano y lo divino. Incluso te ha acusado de brujería.

Caterina volvió de Italia siendo, más o menos, historia para mi hijo, que mantuvo su cuartel general en Soria mientras Alicia iba y venía. Si Nano había entrado en amores con una mujer, Caterina hizo lo propio con un hombre. Y cada uno siguió su camino, con mejor o peor fortuna. Desde que mi hijo y Caterina se tocaron por primera vez en 1963, los dos habían vivido por y para ellos. Lo fueron todo: amantes, novios, esposos, familia, cómplices, amigos, hermanos y compañeros de almas, de futuros, de viajes y horizontes. Juntos salieron de la España franquista, juntos cumplieron exilio y recorrieron el Oriente, al hilo de un viaje que les marcó para toda la vida. Juntos concibieron a Ayanta y juntos regresaron a Soria. Allí, por pura ceguera, desgaste y estupidez, perdieron el placer de tenerse, y su relación, en febrero de 1972, quedó anulada para siempre. Ese laberinto tuvo puerta de entrada, pero no de salida.

La historia con Alicia, en cambio, cogió vuelo en esa fecha y se echó a andar en los meses sucesivos. Vivían entre la casa del Collado y una pequeña buhardilla alquilada en Madrid, en el Barrio de la Concepción. Sus amores coincidieron con el primer periodo de redacción del libro de Nano, que fue tan nómada e itinerante como él. Y en él, en los fondos documentales del periplo, exhumaron un tesoro de cultura, casi desconocido, pero determinante para acceder a la Iberia primigenia y ofrecer a los futuros lectores la interpretación intrahistórica de una España completamente distinta a la oficial.

Mi hijo creía que detrás de cualquier gran novela alentaba una aventura. Aventura, en pocas palabras, era la vida que no se repite. Detrás de una novela, además de la aventura, debía alentar un aventurero. Y un aventurero era una persona en continuo movimiento, es decir, una persona que no repite sus aventuras, que cambia de mujer, de hijos, de país, de gustos, de trabajo, de ideas y de aspecto. El escritor necesita un corazón poblado de rumores. Y, a sabiendas de que lo más plausible era que jamás ningún editor apostaría por su libro o que, en caso de publicarse, nadie, o casi nadie, lo leyese, Nano le dedicó incontables horas, y días, y meses, y años. Alicia se convirtió en su guía, en su cuidadora, en aquello que entonces se llamaba compañera, en la copista infatigable que le acompañó por países, y durante cinco años buscó bibliografías, peinó bibliotecas, subrayó pasajes, y rellenó fichas, sacrificando varios de su juventud en la toma de notas, para proteger y apuntalar a mi hijo.

Alicia representaba perfectamente dos ideogramas: el de *Wabi,* frescura, quietud, sencillez, y el de *Sabi,* belleza, serenidad, pátina. Viajaron juntos por todas las provincias de la geografía nacional, recorriendo y repasando mojones sagrados, archivos, cenagales de legajos, playas, montes y caminos. Del mismo modo que hubo estilos de vida y estilos artísticos, para Nano y Alicia también existió un estilo de amor.

En el mes de octubre hicieron el Camino de Santiago y, en sus lugares de culto, mi hijo buscó una España mágica, cristiana y esotérica, y encontró a Prisciliano, y de su mano llegó al Grial, al Temple, a leyendas y símbolos de diverso origen, de los que quería dar cuenta en las páginas de su escrito y que fueron una experiencia sacramental determinante para todo lo que iba a venir después. Con Guillermo y Alicia cruzó Asturias, las posibles e imposibles, en pos de cuélebres y otros mitologemas de la España mágica; leyó en ellas *El retorno de los brujos,* de Louis Pauwels y Jacques Bergier, y visitó la cueva de Altamira, que le pareció un hotel de cinco estrellas por el confort que en ella reinaba. En el interior de la caverna, se tumbó boca arriba en una especie de camastro de roca revestido con tela de arpillera y contempló desde esa perspectiva las imágenes pintadas en su cielo raso, y reventó los límites de lo imposible al sumirse en el éxtasis de observar lo vivo y lo sagrado de todo lo que le rodeaba.

Al año siguiente, en enero de 1973, se compró un Land Rover y metió en él los millares de folios nacidos al calor de las investigaciones, sus ficheros, sus máquinas de escribir, sus decenas de diccionarios y, junto a Alicia, se lanzó a la travesía del desierto. Juntos cruzaron el estrecho de Algeciras, subieron hasta Ketama, compraron allí medio kilo de hachís, entraron en el Sáhara Occidental, atravesaron Mauritania y llegaron a Senegal. Se establecieron en Dakar, donde mi hijo logró un puesto de en el departamento de Lengua, Literatura e Historia de España en la Universidad del país. Tenían dos gatos maravillosos y la despensa llena a rebosar de bebidas y alimentos no menos maravillosos, adquiridos en el *duty free* o regalados por los pesqueros. Su casa pronto se convirtió en algo así como el ombligo o tertulia de la colonia española allí afincada. Jugaba al ajedrez y allí desplegó su lánguida tarea docente y se metió de lleno en el incesante teclear de ese libro, que cada día le salía más explosivo. Nano, que no creía en las clases, contaba con el don natural de enseñar sin ofender, aunque una hora de lecciones le costase un esfuerzo parecido al de un picapedrero obligado a horadar de parte a parte la montaña. Pero, con gran sorpresa por su parte, obtenía cada día más éxito en la universidad. Los alumnos le enviaban delegaciones pidiéndole que no abandonara el puesto, porque decían que el aire del departamento había cambiado desde su llegada.

En Dakar, mi hijo sintió la necesidad de abandonar cualquier tipo de actividad que no fuese la viajera y literaria. Por eso, en los ratos libres y periodos de vacaciones, se dedicaron a vagabundear en las dunas, médanos, algaidas y arenas del desierto. En una de las travesías quedaron varados dos días en el sur de Marruecos, avanzando lentamente hacia el mar. Mención aparte merece el invento que había diseñado para tener ducha en el Land Rover. Era una ingeniosa baca, mitad depósito, mitad ducha, que con los rayos del sol calentaba el agua, pero que duró exactamente cuarenta kilómetros de travesía. Tuvo Nano entonces que subir al techo, desencajar el aparato de sus patas traseras y derribarlo estrepitosamente. Al caer, y serían alrededor de doscientos kilos, uno de los soportes se les enganchó a las piernas y allá se fue de cabeza, hecho un gurruño, con su artificio. Y así se quedó sin agua, sin invento y sin doce mil pesetas, pues tal fue el excesivo precio reclamado por el herrero que diseñó el artilugio. A esa le siguieron otras mil aventuras.

Una mañana, al salir de Bir Mogrein, en Mauritania, siguió a toda mecha a dos *jeeps* locales que, al parecer, se dirigían a Zoueratt por una pista mejor y más corta que la indicada en los mapas. Todo fue relativamente bien hasta las seis de la tarde. A esa hora, las extrañas gentes perseguidas por mi hijo se pararon y salieron de los coches, algo así como treinta mauros y una cabra. Desplegaron sus esteras en el suelo, las orientaron hacia la Meca y musitaron sus plegarias. Era la época del Ramadán, que implicaba prohibición absoluta de comer y fumar entre las tres de la mañana y las seis de la tarde. Tras la oración, se acercaron a Nano, le pidieron un cuchillo y degollaron con él a la pobre cabra. Amistad, charlas y risas con los mauros hasta que, de repente, como un solo hombre, se pusieron en pie, se arracimaron sobre el coche y se largaron a las mil por hora mientras Nano y Alicia se quedaron allí, solos, rodeados de huesos y de cachivaches ensangrentados. La situación era límite, puesto que se quedaban en la oscuridad, en un lugar del que no conocían ni un solo punto de referencia. Cargaron todo apresuradamente y se lanzaron, como locos, a la noche ciega por si conseguían alcanzarlos.

Días después, tuvo lugar la memorable saga de los pinchazos. Y aunque no debía de existir mucha diferencia entre separar una rueda de su llanta metálica y encerrarse entre las cuerdas de un *ring* con el campeón del mundo de los pesos pesados, también esa parte del viaje se resolvió felizmente. Y todo eso, unido a la sed, el hambre, la fatiga, los ojos abrasados por la arena, las diarreas, los timos, las pérdidas económicas, el continuo tirar de pico y pala, el peso brutal de las placas antihundimientos, los baches, los saltos, la suciedad, las averías y las decenas de amarillentos escorpiones sobre las que alguna vez acamparon, resultaba fantástico.

En abril de 1974, vendió su Land Rover a una empresa española dedicada a construir carreteras en Guinea y por cuarenta mil pesetas más de lo que le había costado nuevo. El vehículo zarpó hacia Conakry en un oscuro navío por nombre *Gemma.* En ese mes también empezaron las vacaciones del periodo lectivo y, con el dinero de la venta, salió de viaje sin rumbo fijo. Pero no se convirtió en soldado de a pie. Una alumna libanesa muy rica que le había cogido una devoción verdaderamente canina le prestó un Volkswagen *sine die* y con él se marchó de vacaciones. Visitó el Cap Skirring, en la punta extrema de la Casamanza, lindando prácticamente con la Guinea portuguesa.

Aun así, a finales de año, Dakar para mi hijo era ya como una naranja exprimida: le había saturado y las clases se le hacían odiosas. Estaba claro que no había trabajo o lugar en el mundo donde pudiera aguantar más de un año. Tan solo en el libro, que ya se acercaba fatigosamente a la página mil. Además, Ayanta vivía a caballo entre dos continentes tratando, con su inocencia, de imponer algo de cordura en su madre y en su padre. Nano mostraba un verdadero amor de padre hacia su hija, pero no vivía con ella. Una cosa era Alejandro, del que en época mucho más juvenil se había lavado las manos, y otra muy diferente era Ayanta, de la que se sentía indisolublemente solidario por lazos tan involuntarios como la sangre y tan voluntarios como el cariño. A ella le ofrecía en la distancia todo cuanto él tenía o, mejor dicho, cuanto Ayanta tenía, porque nada de lo de Nano le iba a ser ajeno. Él consideraba sus viajes compatibles con la paternidad porque viajar era parte indisoluble de su vida como persona y como escritor, y privarlo de eso era como extirparle un órgano vital. Para nosotros, en cambio, solo existía una manera decente de vivir. Eran, los nuestros y los de mi hijo, puntos de vista tan distantes que, separados y por carta, ambos discutíamos sobre los abismos que ningún puente podía salvar. Nano tenía treinta y siete años y nunca había formado familias ni en primera ni en enésima instancia. Simplemente había amado no a dos, sino a bastantes más mujeres, y con algunas había tenido hijos, el resultado, decía, ciertamente lógico de los enamoramientos. Nosotros teníamos el confort de una vida familiar sin grandes complicaciones, salvo las que de él se derivaron, pero también contábamos con la monotonía de muchas décadas pasadas en la misma ciudad, en el mismo trabajo, en las mismas casas, con los mismos horarios, diversiones, alegrías y disgustos. Él, en cambio, estaba dispuesto, si le obligasen a elegir entre el arte y lo demás, a que lo último, así fuera el mundo entero, se hundiese en el infierno.

XV

EL GÁRGORIS

Otros escribirán desde la cabeza, pero él escribe desde el corazón, y el corazón siempre le entiende.

La leyenda de Sleepy Hollow y otras historias,
WASHINGTON IRVING

Vencida la etapa de Dakar, Nano volvió a España para terminar el libro, que ya pasaba las dos mil páginas. Se refugió en Soria con Alicia y se encerró en su antigua cuadratura doméstica. La redacción de aquella obra lo arrastraba a estar diez horas al día pegado a una máquina de escribir. Mi hijo estaba hasta la coronilla de aquel libro, deseaba acabarlo o abandonarlo, pero había llegado ya tan lejos que no tenía el valor suficiente como para interrumpirlo y la inercia de sus infinitas páginas tiraba de él cuesta abajo. Aún, frente a todo, Nano escribía, como todo lo que hacía, para ser feliz. Y si escribía para ser feliz, para reflejar su felicidad anterior o futura, o para provocarla, o para llamarla, o para acercarse a ella, mal podía renunciar a la felicidad para escribir.

En marzo de 1975 cayó en sus manos *La vida secreta de Salvador Dalí,* un libro que, si bien había sido censurado por el franquismo, a él le pareció el mejor publicado después del *Quijote.* En una cena con Alicia en casa trasegaron, con el último sorbo de una botella de vino, una píldora mágica de ácido lisérgico, pusieron al azar un disco y, a eso de las doce, se repantingaron a cal y canto entre los cojines del salón de música. Nano repasó en voz alta los pasajes del libro dedicados a los desafueros juveniles del pintor en Madrid, en los que Dalí narraba cómo decidió ser un dandi y colarse en el hotel Ritz, o el encuentro con Gala, o el número de la comisaría de Nueva York. Resbalaron por la genialidad del autor durante horas y mi hijo lloró de risa hasta que Alicia, jurando que se iba a morir de risa, intentó quitarle el libro. Cuando cedió el ataque, se levantó con decisión firme de ganar el retrete. Pero en la travesía, apareció una bruma total en su ojo derecho. Entró a tientas en su despacho. Encendió la luz y el epicentro de la bombilla se propagó en círculos y más círculos. Se arrimó a la superficie de un espejo y vio una conjuntivitis purpúrea, pupilas desmesuradas, legañas y párpados abotagados y enormes bolsas supinas en violácea multiplicación descendente. Para colmo, era sábado y nada cabía hacer por culpa de aquel interminable fin de semana. Nano pasó cuarenta y ocho horas ciegas acodado en la mesa camilla salón, y, apenas despuntó el lunes, se lanzó hacia la clínica del oculista. A consecuencia de la cantidad de lágrimas vertidas, mi hijo alteró la solución de cloruro sódico que baña el ojo y se hizo acreedor de un leve, pero certero, edema de córnea. Se le ocurrió dos días después la idea de escribirle una carta al pintor para contarle que, por su culpa, había estado a punto de quedarse ciego. Y así lo hizo. Dalí no respondió. Pero, casualmente, en los días que siguieron a esa fecha, Alicia y Nano emprendieron un viaje a Perpiñán. Hicieron noche en Portlligat, y a la mañana siguiente, cuando Nano salió a explorar el terreno, se dio de bruces con un hombre que buscaba hierbajos por el suelo. Volvió la cabeza, miró a mi hijo con ojos saltones y le dijo: «Bon dia». Era Salvador Dalí. Años después se haría realidad uno de sus sueños más imposibles. Nano descubrirá casi en los ochenta, gracias a la pericia de una amante que logró colarse de rondón en la casa del pintor, que su historia mágica de España era el único libro que reposaba en la mesilla de noche de Dalí. Fue, tal vez, el mayor halago que pudo recibir.

A la vuelta, y tras casi cuatro años de conyugal noviazgo, los conflictos entre Nano y Alicia se recrudecieron. En esa fecha, aprendió que mezclar a la coprotagonista de un amor con los hijos era algo que siempre generaría tensiones contraproducentes a corto plazo, e insoportables después. Ayanta, Caterina, y el pasado que volvía una y otra vez sobre ellos fueron graves problemas que colaboraron a que la relación se volviese tan delgada como un papel de fumar y tan quebradiza como los huesos de un octogenario. Quisieron creer que también eran posibles los milagros y las resurrecciones y que, en los asuntos de amor, todo se concentraba en la voluntad. Dejaron Soria y buscaron las soluciones en Japón, donde mi hijo tropezó con la misma piedra que había iniciado el derribo de su amor por Caterina. Allí, contratado otra vez como profesor y periodista de la NHK, pasó seis meses atroces.

En noviembre de 1975 radió desde la NHK la muerte

de Franco y, en las Navidades de ese año, escribió la última palabra de su libro en el cuchitril minúsculo del barrio loco de Roppongi, donde vivía con Alicia. Dieron cuenta entre los dos de una botella de pésimo vino japonés, pero sin levantar sus copas.

Nano regresó a España en la primavera de 1976 con ciento cincuenta mil pesetas en el bolsillo, pero antes pasó por Italia para ver a Ayanta, que acaba de cumplir siete años. Ella, después de abrir regalos traídos de todas las partes del mundo, le pidió que la llevase a ver un volcán. Mi hijo alquiló un coche y fueron juntos hasta Nápoles a ver el Vesubio. Pisaron la lava seca, respiraron el olor a azufre y contemplaron las fumarolas de la caldera en una jornada de extrema felicidad para ambos. En Soria, prácticamente separado de Alicia, quiso hacer un último intento por su relación, herida de muerte. El recelo, los reproches y las mutuas infidelidades habían partido el espinazo de la historia. Así, poco a poco, en El Collado empezaron a desaparecer los objetos comunes: un frasco de *Noxzema* comprado en Londres, unas cuchillas, las camisas que ella planchó, una pasta de dientes japonesa y los libros que iban a leer juntos. Fue una agonía lenta y cotidiana. Cincuenta y dos meses antes Nano había escrito muchas cartas de amor. En el momento de la ruptura, le escribió la última. Ambos cometieron el mismo error: romper, enterrar y olvidar una relación que, a veces por torpeza, a veces por exceso de modernidad, había pasado de la fascinación primera a la desconfianza. El suyo fue un amor arrebatado y engarzado a una realidad que vivió al margen de lo convencional. No todo fueron enfados, tuvieron también momentos de paz, promesas mutuas y confesiones de arrepentimiento. De Alicia y de Nano, de los dos, quedó el libro, el equivalente al hijo que no tuvieron.

XVI

TODO EL QUE AGUARDA SABE QUE LA VICTORIA ES SUYA

Sabe esperar, aguarda que la marea fluya
–así en la costa un barco– sin que al partir te inquiete.
Todo el que aguarda sabe que la victoria es suya;
porque la vida es larga y el arte es un juguete.

Consejos,
ANTONIO MACHADO

A Nano le entraban ganas de llorar cuando pensaba en Madrid. Una ciudad sin vitalidad, una ciudad perezosa sin ser al tiempo pagana, una ciudad que ya nunca, nunca más, volvería a parecer lo que en tiempos le parecía. Sin embargo, a su vuelta de Tokio, encontró un país renovado y divertido. Era el momento del encanto de la libertad, parecía que iba a resurgir por todas partes una acracia infinitamente más imaginativa y sana que el anarquismo de los años anteriores a la guerra.

Abandonó Soria y encontró una buhardilla en la calle de la Madera, en el barrio de Malasaña. Se instaló allí y vivió un periodo de soledad, los únicos meses en los que, al margen de tres o cuatro historias de amor fugaces, no mantuvo una relación conyugalmente estable con ninguna mujer. A mediados de 1976, mientras Nano buscaba trabajo, fue providencial la relación con Isaac Montero, quien le aconsejó visitar a Carlos Vélez, un falangista del círculo de Dionisio Ridruejo y entonces director de un programa de la cadena pública. Gracias a él, mi hijo comenzó en agosto de ese año su andadura en la pantalla, al calor de los *Encuentros con las letras,* un espacio de cultura que terminó por ser un mito de la televisión y al que siguió *Biblioteca Nacional,* recordado, sobre todo, por su sintonía. La canción *Todo está en los libros* definía bien lo que fue para toda una generación ansiosa de cultura.

En esa misma época, en la trastienda de la librería Turner, Nano conoció a Fanny Rubio, una profesora de la universidad de Fez que le abrió las puertas de esa ciudad. La disponibilidad de mi hijo era entonces completa e inmediata. De ese modo, desde el mes de octubre, pasó a formar parte del claustro del Departamento de Español en la universidad marroquí, y cruzó, durante los dos años que duró su puesto de profesor, el estrecho más de veinte veces para simultanear los programas con las clases. A esa labor docente poco después se fueron incorporando algunos de sus amigos, como Manuel Bayo, Lola Fonseca, Alberto González Troyano y Rafael Chirbes, hasta formar un curioso grupo al que bautizaron como *La Guardia Mora,* cuyas aventuras, inventos y mistificaciones lo tuvieron muy ocupado en todo ese periodo. Allí compartió con Manuel Bayo una casa desde la que podía contemplar Fez-El-Bali, la medina vieja que levantaron sus antepasados andalusíes, los *rabadiyun* que huyeron en el siglo IX de la revuelta del arrabal de Córdoba. Fumó hachís de Ketama a granel, frecuentó a diario el restaurante La Tour d'Argent y vivió esa etapa como uno de los periodos más copiosos, anarcoides, libertinos, disparatados y felices de su vida. Disfrutó, en Marrakech, Fez o Chauen, a orillas del estrecho, de aquellos años locos, iconoclastas, transgresores, ilusionados, eróticos, etílicos y libertarios. Años de hachís, huríes, carcajadas, excesos y vino gris de Boulaouane. Ni Marruecos ni España se habían echado aún a perder.

En 1978, a sus cuarenta y dos años, Nano tenía ganas de escribir. Entendía la literatura como un estuario en el que desembocaban muchos ríos. Vivió épocas que ahora provocan nostalgia. Se dio cuenta de que la vida no bastaba para expresar su propia vida y añadió la literatura a la vida y la vida a la literatura.

Su libro estaba cerrado y archivado. Y aunque una obra de tal volumen era impensable no ya que cosechara éxito alguno, sino que existiese un editor que se arriesgase a publicarla, Luis Eduardo Aute, el primer lector del volumen, le ayudó a conseguirlo al presentarle a Jesús Munárriz, histórico jefe de la editorial Hiperión, exesposo de su prima, Lourdes Ortiz, y que visitó a Nano en su casa de Fez. Picado por la curiosidad, se atrevió a hincar el diente al manuscrito y quedó entusiasmado con él después de pasar toda una noche leyéndolo. Le ofreció publicarlo entero sin quitar una coma. El círculo se cerró con la puesta de largo del libro, que apareció en diciembre de 1978, día de los Santos Inocentes, y se convirtió en el libro más vendido del año siguiente y de muchos de los que le siguieron. Con él mi hijo rescató el concepto clásico de las Españas frente a la singularidad centralista y falsedad histórica de la supuesta nación única y suministró datos. Así, el libro pasó a ser el fenómeno literario más importante que se produjo en el postfranquismo. Descorrió para los lectores el telón del esoterismo, de la heterodoxia, de la norma establecida, y se convirtió en un hito para generaciones pasadas y venideras, en la única publicación capaz de permanecer más de cuarenta años en las librerías.

Nano quiso dedicárselo a tres mujeres, y esa página de honor reveló poco, pero sugirió mucho. Me lo brindó a mí, «por hacerlo posible»; a Caterina, «porque con ella lo había encontrado casi todo»; y a Alicia, «que lo siguió por tres continentes, copió millares de fichas, ordenó datos, buscó signaturas, creyó en druidas, vadeó noches blancas y desperdició tardes de juventud en la penumbra de las hemerotecas». Caterina supo de la dedicatoria *in extremis.* Nano se la leyó por teléfono, pero ella no alcanzó a verla publicada. Falleció mientras las rotativas de una imprenta la alumbraban, víctima de un cáncer de mama con metástasis en el pulmón. Caterina, ya en paradero desconocido, se había marchado para siempre. Y con ella, con quien tanto había encontrado, mi hijo descubrió también el peso de la muerte.

Un año después, en diciembre de 1979, su libro fue galardonado con el Premio Nacional de Literatura en la modalidad de Ensayo y, con la recompensa, se compró un Land Rover. En las Navidades de ese año, en Soria, entre amigos, celebró el triunfo y ofició, con todos ellos, una ceremonia: aparcaron el coche en la Plaza del Chupete, se hicieron con una botella de champán, la estallaron contra el vehículo y este, como un barco, quedó bautizado. Se llamó *El Gárgoris.* Mi hijo garabateó ese nombre en uno de los guardabarros y el 1 de enero de 1980 emprendió desde el alto llano numantino un viaje hacia Kabul, Alepo, Damasco y Ammán.

A partir de aquel momento, su vida pasó a ser de dominio público. El éxito trajo dinero y mujeres nuevas, pero también envidias, enemistades, cuchilladas y sinsabores, que tampoco había conocido. Y él no olvidó jamás que la libertad propia, la suya, terminaba donde empezaba la libertad de los demás. En virtud de eso gestionó su existencia. Nano encontró problemas y un número infinito de situaciones delirantes a lo largo de su vida. Di a luz a un hombre de ideas que terminó constituyendo toda mi esencia, que fue la garantía de que, incluso al final, aún sobraba vida para ser, suficientes mujeres para amar, muchos libros por escribir, demasiados caminos para trillar y algo de tiempo para cumplir con todo.

Después de dar muchas vueltas al sol, llegó a sus últimos años arrinconando a la segunda ley de la termodinámica, sabiendo que un día iba a morir. El mundo cambió, pero él no lo hizo. Con la misma voluntad de sus veinte años, aplicó hasta el final su promesa de mantener juventud en su carácter. Casi medio siglo después, su corazón seguía latiendo y moviendo los mismos pies. El camino del corazón no termina nunca, y la vida vuelve y cabe en un minuto y en un recuerdo como el de aquella mañana del vigésimo primer día del mes de diciembre de 1979 cuando, a las dos de la tarde, mi hijo subió a casa con alas en los talones para decirme: «Mamá, he ganado el Premio Nacional de Literatura».

En Madrid, 23 de febrero de 2023

Epílogo

Es difícil dibujar la personalidad de alguien. La de Fernando Sánchez Dragó es poliédrica. Cada una de sus caras podría ser objeto de un estudio monográfico.

En este libro se desgrana la personalidad de Dragó (que adopta el nombre de Nano en el texto, como le llamaban en la intimidad) a través de la óptica y la perspectiva de su madre. Ella es la narradora. Hace unos años, encontré en la casa de Fernando un baúl repleto de legajos y cartas cruzadas entre madre e hijo. Esos archivos, una especie de tesoro insepulto, son el hilo conductor del tiempo, la historia y la formación detallada de uno de los escritores más destacados de España. Quizá Dragó lo explique mejor:

> Estuve muchos años viajando por aquí y por allá, y prácticamente la única relación que se podía mantener era una relación epistolar. Mi madre encabezaba todas sus cartas diciendo «Querido Nano», que era como se me llamaba en el ámbito de la familia. De ahí el título de este libro. Hay

muchísimas cartas escritas durante mis años en el exilio, mis años viajeros y mi despegue literario. Son, además, una joya, unos archivos de una persona de ochenta y seis años que ha vivido episodios cruciales de la obra de España y de la historia del mundo, que ha conocido a mucha gente, que ha estado en la cárcel muchas veces, que ha recorrido más de cien países, que ha tenido muchos amores, que ha tenido muchos hijos, que ha escrito muchos libros. Me gustaría añadir que se ha producido una extraña simbiosis entre Emma y mi madre. Emma, al escribir este libro, se convierte en mi madre, habla como mi madre, me recuerda a mi madre diciendo muchas de las cosas que decía mi madre y yo he olvidado, y que ella ha rescatado de todo ese epistolario.

Este libro descubre a una persona, a Dragó camuflado bajo el *alter ego* de Nano. Y lo descubre porque él no es lo que la gente piensa. Lo que define a una persona es el misterio, y quien pierde el misterio está perdiendo su identidad y su esencia. La tarea del escritor consiste en abrir en el misterio solo una rendija, de tal forma que nadie llegue a descubrirlo por completo.

Primero comprendí que, en la medida de lo posible, tenía que desgranar su esencia, su *yo* original, de dónde venía. Reparé, gracias a este libro, en que Fernando es, en gran medida, el resultado de lo que su madre sembró en él cuando era niño. Cera virgen. Al caminar por esas cartas entendí el truco: ella lo educó tal y como quiso, sin reprimirlo nunca, ayudándole a ser él mismo, eliminando sus obstáculos, despejando sus caminos. Descubriendo para él la mágica actividad de seguir adelante, de sonreír, de dar certeros golpes de timón ante las embestidas de la madurez. Dejando que viviese su vida, gobernando únicamente con el áspid de las ganas de existir.

Sabiduría y felicidad son conceptos sinónimos y, para ser simultáneamente sabio y feliz, feliz y sabio, nada mejor que la ancianidad. Su madre supo educarle. No solo era santa, también era sabia. Son cosas que van unidas... Cuando murió, en el cementerio, mientras sellaban su sepultura, Fernando leyó el poema de Gabriela Mistral. Y, a su término, mirándola, aunque no la veía porque ya no estaba allí, solo dijo: «Y, ahora, vuela».

Y voló.

Fernando vio el libro terminado, pero no alcanzó a leerlo entero. Llegó a la mitad. No creo que haya mejor respaldo para presentar este escrito que las palabras que me dedicó cuando repasó los primeros capítulos:

> Te escribo con la mirada abriéndose paso entre la neblina cruzada de las lágrimas. Tu libro es muy muy muy bueno. Una historia a la vieja usanza, todo ello trenzado y reinventado por ti, que permaneces en la sombra y entre bastidores moviendo los hilos de los personajes, pero que te cuelas al trasluz, como una deidad chinesca, por todos los resquicios. Su estructura es, de hecho, la de una obra de teatro y hay en ella, a borbotones, dosis de amor, de liber-

tad y de justicia. *Et voilá.* No es cierto, como reza el tópico, o no lo es en nuestro caso, que tú y yo, juntos, seamos más de dos. Al contrario: somos más yo, más uno... Rendimos viaje en nuestra identidad.

Al conocer a Fernando, me asomé al borde de ese estanque que es la vida, removí sus aguas, miré hacia atrás con algo de ira y estallé en la misma nostalgia que Machado le dedicó a Guiomar. Pero también sentí el gozo renovado de compartir esta crucial etapa de mi vida con un hombre extraordinario, y la cara B del *single,* quizá más sombría, pero más perdurable en términos de materia: el escribirle, el contarle, el dibujarle, el ir perfilando amorosamente su retrato, envuelta ahí, también ahí, y poseída por la luz de la figura y de su causa. De alguna manera, este ha sido un regalo que nadie podrá superar: el de poder viajar por el tiempo y vivir, leyendo y escribiendo, una época que no conocí, pero que siento mía. He pasado por Torremolinos, por Italia, por Tokio, por Dakar y por el camino del corazón, que no es otra cosa que el mundo entero.

En cualquier caso, lo que acaban de leer quiere ser una visión del Fernando Sánchez Dragó distinta a la que él ha trazado en sus libros, además de un complemento a los últimos volúmenes de sus memorias que no alcanzó a escribir. Piensen en su historia y, sobre todo, tómenlo como lo que es: una declaración de amor comprimida en trescientas páginas.

EMMA NOGUEIRO

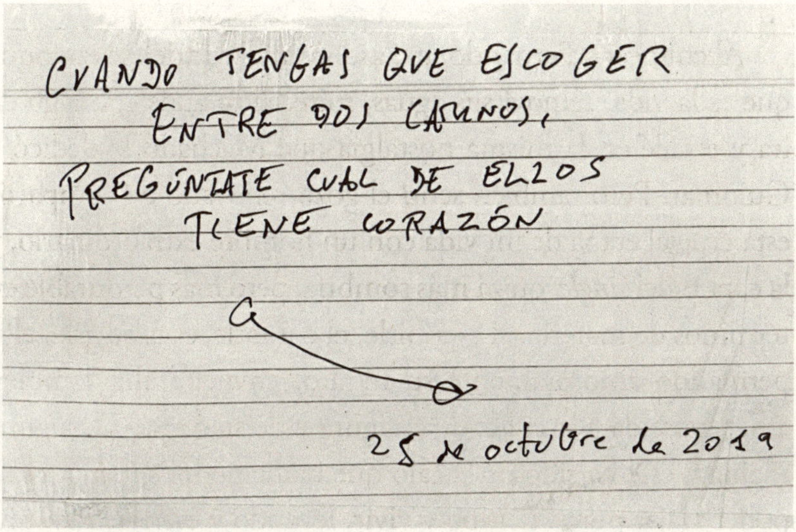

La frase que aparece ahí escrita era una de las que más repetía Fernando. Era su mantra. Ahora también es el mío. Guardo esa cuartilla que él escribió en el mismo sitio donde me la dejó. Tesoros que perviven más allá de todos los tiempos.